Johann Caspar Bluntschli

Die neueren Rechtsschulen der deutschen Juristen

Johann Caspar Bluntschli

Die neueren Rechtsschulen der deutschen Juristen

ISBN/EAN: 9783743325463

Hergestellt in Europa, USA, Kanada, Australien, Japan

Cover: Foto ©ninafisch / pixelio.de

Manufactured and distributed by brebook publishing software
(www.brebook.com)

Johann Caspar Bluntschli

Die neueren Rechtsschulen der deutschen Juristen

Die

Neueren Rechtsschulen

der

deutschen Juristen.

Von

Dr. Bluntschli,

Zweite, mit Reformvorschlägen erweiterte Auflage.

Zürich,

Chr. Beyel's Verlag.

(A. Louis.)

1862.

Dem

deutschen Juristentage

gewidmet.

Inhaltsübersicht.

Vorwort. zur ersten Auflage.

Die nachfolgende Abhandlung ist zuerst in den Hallischen Jahrbüchern im October 1839 erschienen. Von verschiedenen Seiten her wurde mir die Aufforderung, ich möchte einen besondern nochmaligen Abdruck besorgen. Ich habe dieß nunmehr gethan und um so lieber, je mehr ich dabei die Veranlassung gefunden, im Einzelnen Manches zu verbessern, Einiges weiter auszuführen, seither laut gewordene Ansichten zu berücksichtigen.

Zürich, im Herbst 1839.

Vorwort zur zweiten Auflage.

Der Aufforderung, eine neue Auflage der kleinen vor 22 Jahren erschienenen Schrift zu veranstalten, mochte ich mich nicht entziehen, weil dieselbe mir eine erwünschte Gelegenheit gab, mich über einige Reformen auszusprechen, deren Bedürfniß ich für ebenso bringend, wie deren Durchführung für schwierig halte. Da diese Schrift, schon in ihrer ersten

Anlage, nicht blos eine Charakteristik der verschiedenen Rechts=
schulen geben wollte, sondern zugleich zu den damals nöthigen
innern Reformen der Rechtswissenschaft anzutreiben suchte;
so scheint mir ein Zusatz, welcher die heutige Reform der
Rechtsstudien bespricht, mit ihrem Geiste nicht in Widerspruch
zu sein, wenn gleich der ältere und der jüngere Bestandtheil
der jetzigen Auflage das Gepräge ihrer Zeit nicht verläugnen
und sich daher leicht unterscheiden lassen. Die welche mich
kennen, wissen, daß nicht ein eitler Drang nach Veränderung
mich bestimmt, diese Dinge zur Sprache zu bringen; und
die welche mit meinen Vorschlägen nicht einverstanden sind,
werden, hoffe ich, doch zugestehen, daß eine Revision unserer
Studieneinrichtung unerläßlich ist und daher auch die ver=
schiedenen Meinungen erwogen zu werden verdienen.

Heidelberg, Weihnachten 1861.

Die

Neueren Rechtsschulen

der

deutschen Juristen.

Der erneuerte Streit.

Die historische Richtung in der Rechtswissenschaft ist neuerlich von mehreren Seiten zugleich vor dem Richterstuhle der deutschen gebildeten Welt verklagt worden. An Vertheidigern hat es ihr auch dießmal nicht gefehlt; aber diese haben mehr zu den Juristen als zu den übrigen Gebildeten geredet. Es wäre nun eben so irrig, zu meinen, die Anklage sei deßhalb vornehmlich an die Gebildeten überhaupt gerichtet worden, weil die Ankläger selbst sich nicht getraut hätten, ihre Sache vor den Juristen zu behaupten, als vorauszusetzen, die Vertheidiger hätten die Vorurtheile der Zunftgenossen zu ihren Gunsten ausbeuten wollen, oder sie mißachten die öffentliche Meinung der Gebildeten. Unter den Gebildeten gibt es genug Männer, welche, ohne besondere juristische Kenntnisse zu haben, dennoch befähigt sind, ein gutes Urtheil in diesem Streite zu fällen, sobald sie von demselben gehörig unterrichtet werden. Und unter den Juristen gibt es eine sehr große Anzahl, deren Vorurtheile und Bequemlichkeiten den Anklägern günstiger sind als den Vertheidigern.

Kaum übt eine andere Wissenschaft einen so unmittelbaren Einfluß aus auf das Leben der Menschen, als die

Jurisprudenz. Daher ist die Frage, ob sie in einer wahren oder in einer falschen Richtung sich bewege, überaus wichtig. Wer den Beruf in sich fühlt, in ihr und durch sie zu wirken, an den ergeht die ernste Mahnung, sich darüber möglichste Klarheit zu erwerben. Aber auch für die anderen, namentlich für alle Gebildeteren, welche so vielfältig mittelbar von der jeweiligen Richtung dieser Wissenschaft betroffen werden, ist es nicht gleichgültig, zu wissen, wohin sie ihr Vertrauen wenden sollen.

Indem ich in diesem wiederbegonnenen Streite ein Votum vor dem größern wissenschaftlichen Publikum abgebe, habe ich dabei vorerst einen doppelten Zweck vor Augen. Dasselbe soll nämlich einen Beitrag liefern sowohl zum Verständnisse des Streites, als zur Förderung desselben. Zum Verständnisse zunächst; denn daran fehlt es nicht bloß häufig bei den Laien in der Jurisprudenz, sondern zuweilen sogar bei solchen Juristen, die hier ein lautes Wort mitsprechen; und doch ist eine wahre Beurtheilung des Streites ohne Verständniß desselben nicht möglich. Dann aber auch zur Förderung des Streites; denn mag man auch auf einzelnen Gebieten der Rechtswissenschaft eine friedliche Erledigung desselben bereits erlangt haben, so gibt es doch andere Gebiete, auf denen er erst recht beginnen muß und wird.

Wo auf beiden Seiten ehrenwerthe Streiter stehen, wie hier, da sind Viele geneigt, schon aus Höflichkeit sich vor beiden Theilen zu verbeugen, wobei sie denn aber, da rechts und links Parteien stehen, hinwieder zu ihrem Verdrusse genöthigt sind, abwechselnd beiden den Hintern zuzukehren. Andere, oft dieselben Leute setzen die Unparteilich-

keit darein, daß sie die Wahrheit genau in der Mitte suchen.
Auch ein solches Verfahren ist unzulässig, weil es unwissen=
schaftlich ist. Es braucht ja nur die eine Seite ihre An=
sicht recht schroff zu äußern und zum Extreme zu treiben,
während sich die andere Seite selber mäßigt, so muß, wer
die Mitte mit der Meßschnur abmißt, sich immer mehr der
erstern annähern, und je eifriger jene dem einseitigen Irr=
thume entgegen eilt, desto stärker gerade wird sie auch jene
schwachen, nur die Mitte suchenden Geister auf ihr Gebiet
herüberziehen. So wenig als dieses Botum sich dazu ver=
kümmern wird, wo es volles Recht auf einer Seite erkennt,
ihr nur halbes werden zu lassen, so wenig soll es zum
Plaidoyer werden für eine Partei der Gelehrten. Es wird
weder die Vorzüge der einen, noch die Mängel der anderen
Richtung geflissentlich vergrößern und entstellen, um Freun=
den zu dienen oder Gegner zu schwächen. Vielmehr was ich
in dieser Sache für recht und wahr erkannt habe, will ich
nach bester Einsicht gewissenhaft sagen, überzeugt, daß auf
dem Gebiete des wissenschaftlichen Streites nur die Wahr=
heit, die das Ziel ist, auch den Sieg verleihe.

Aber noch ein Drittes bezwecke ich mit diesem Aufsatze.
Der Streit über die historische Schule gehört großentheils
selbst schon der Geschichte an, und zur Unzeit ist er gerade
da wieder aufgeregt worden, wo es am wenigsten nöthig
war; dagegen haben sich bereits andere Bestrebungen ge=
zeigt, welche neue Gegensätze und neuen Streit vor=
bereiten. Die Aufmerksamkeit darauf mehr hinzulenken,
diese im Werden begriffenen Gegensätze näher zu bezeichnen
und so der nächsten Zukunft vorzuarbeiten, ist gewiß eine
zeitgemäße Aufgabe.

Der Vorschlag eines allgemeinen deutschen Gesetzbuches.

Zuerst wieder nach langer Zeit wurde die historische Richtung in der Jurisprudenz mit völliger Klarheit dargelegt in einem Streite über eine andere wichtige Frage der neueren Zeit. Als nämlich die deutsche Nation gegen die fremde Herrschaft Napoleon's mit aller Kraft des sie beseelenden und aufs Tiefste verletzten Nationalgefühls sich erhoben hatte und es ihr mit Gottes Hilfe gelungen war, die Gewalt zu brechen, welche ihre politische Selbstständigkeit zu erdrücken und ihren sittlichen Charakter zu verderben gedroht hatte: in dieser Zeit der großen geistigen Erhebung wurden gerade die besseren deutschen Geister mächtig angeregt. Alte Nationalübel traten wieder anschaulicher vor die Seele. Die Einsicht, daß eine große Veränderung in den politischen Einrichtungen unvermeidlich sei, machte geneigt, stark eingreifende Vorschläge zu wagen. Der gemeinsame deutsche Geist, welcher mit dem wälschen Geiste vornehmlich den Riesenkampf zu bestehen hatte, war so vorherrschend, daß die particulären Stammes- und Länderunterschiede in diesem Momente mehr in den Hintergrund traten. Daran knüpften sich leicht Hoffnungen für ein gemeinsames deutsches Werk.

In dieser Zeit und auch in solcher Stimmung schrieb
Thibaut eine Abhandlung*), worin er den traurigen Zustand, in welchem sich das bürgerliche Recht in Deutschland
befinde, mit schwarzen Farben malte und als Heilmittel die
schnelle Abfassung eines der Willkür der einzelnen Regierungen entzogenen, für ganz Deutschland erlassenen „Gesetzbuches" vorschlug.

Es ist merkwürdig, nach einem Vierteljahrhundert,**)
während dessen sich nun allerdings die Wissenschaft bedeutend
fortgebildet hat, wieder nachzusehen, wie diesem sehr ange-
sehenen Juristen damals der bestehende Rechtszustand vor-
kam. Die Hauptstelle, in welcher er diesen Zustand charakterisirt, ist wörtlich folgende:

„Man kann und muß an jede Gesetzgebung zwei Forderungen machen: daß sie formel und materiel vollkommen
sei; also daß sie ihre Bestimmungen klar, unzweideutig und
erschöpfend aufstelle, und daß sie die bürgerlichen Einrichtungen weise und zweckmäßig, ganz nach den Bedürfnissen
der Unterthanen anordne. Leider gibt es aber kein einziges
deutsches Reichsland, wo auch nur Eine dieser Forderungen
halb befriedigt ist. Unsere altdeutschen Gesetzbücher, deren
es in vielen Ländern noch wieder ein buntes Allerlei gibt,
sprechen wohl da und dort den einfachen germanischen Sinn
kräftig aus, und ließen sich insofern für einzelne Rechts-

---

*) „Ueber die Nothwendigkeit eines allgemeinen bürgerlichen Rechts
für Deutschland"; wieder abgedruckt in Thibaut's civilistischen Abhand-
lungen, 1814. S. 404 ff.

**) Anmerkung zur zweiten Auflage. Zuerst geschrieben im
Jahre 1839.

fragen bei einer neuen Gesetzgebung sehr gut benutzen. Allein daß sie häufig den Bedürfnissen unserer Zeit nicht entsprechen, überall die Spuren alter Rohheit und Kurzsichtigkeit an sich tragen, und in keinem Falle als allgemeine, umfassende Gesetzbücher gelten können, darüber war und ist unter den Kennern nur Eine Stimme. Was sich sonst noch von einheimischen Particulargesetzen an sie schließt — die landesherrlichen Verordnungen —, hat zwar häufig über diese oder jene einzelne Einrichtung etwas Gutes nachgetragen; aber Alles ist doch in der Regel ein furchtsames Bessern im Kleinen, und die ganze verwirrte Masse wird mehrentheils durch sich selbst erdrückt. Von unsern alten durchsichtigen Reichsgesetzen läßt sich höchstens nur behaupten, daß sie wenige zweckmäßige Anordnungen, z. B. für Vormundschaften und den Proceß, enthalten; aber eigentliche Gesetzbücher sind sie nicht, die einzige Carolina abgerechnet, deren Unzweckmäßigkeit für die jetzige Zeit so anerkannt ist, daß selbst die Freunde des Unwandelbaren die unbedingte Nothwendigkeit neuer Criminalgesetze zugeben mußten. So ist also unser ganzes einheimisches Recht ein endloser Wust einander widerstreitender, vernichtender, buntscheckiger Bestimmungen, ganz dazu geartet, die Deutschen von einander zu trennen, und den Richtern und Anwälten die gründliche Kenntniß des Rechts unmöglich zu machen. Aber auch eine vollendete Kenntniß dieses chaotischen Allerlei führt nicht weit. Denn unser ganzes einheimisches Recht ist so unvollständig und leer, daß von hundert Rechtsfragen immer wenigstens neunzig aus den recipirten fremden Gesetzbüchern, dem kanonischen und römischen Rechte entschieden werden müssen. Gerade hier erreicht aber das Unge-

mach den höchsten Gipfel. Das kanonische Recht, so weit
es nicht auf die katholische Kirchenverfassung, sondern auf
andere bürgerliche Einrichtungen geht, ist nicht des Nennens
werth; ein Haufen dunkler, verstümmelter, unvollständiger
Bestimmungen, zum Theil durch schlechte Ansichten der alten
Aurgelgsedes römischen Rechtes veranlaßt, und so despotisch
in Ansehung des Einflusses der geistlichen Macht auf welt=
liche Angelegenheiten, daß kein weiser Regent sich ganz
demselben fügen kann. Die letzte und hauptsächlichste Rechts=
quelle bleibt daher für uns das römische Gesetzbuch, also
das Werk einer uns sehr ungleichen fremden Nation aus
der Periode des tiefsten Verfalls derselben, die Spuren
dieses Verfalls auf jeder Seite an sich tragend! Man muß
ganz in leidenschaftlicher Einseitigkeit verfangen sein, wenn
man die Deutschen wegen der Annahme dieses mißrathenen
Werkes glücklich preist, und dessen fernere Beibehaltung im
Ernst anempfiehlt. Unendlich vollständig ist es zwar, aber
etwa in eben dem Sinne, wie man die Deutschen unendlich
reich nennen kann, weil ihnen alle Schätze unter ihrem
Boden bis zum Mittelpunkt der Erde gehören. Wenn sich
nur Alles ohne Kosten ausgraben ließe: da liegt die leidige
Schwierigkeit! Und so denn auch bei dem römischen Rechte!
Es läßt sich nicht bezweifeln, daß tiefgelehrte, scharfsinnige,
unermüdete Juristen über jede Theorie etwas Erschöpfendes
aus den zerrissenen Fragmenten dieses Gesetzbuches zusam=
mentragen können, und daß wir vielleicht nach tausend Jah=
ren so glücklich sind, über jede der tausend wichtigen Leh=
ren, welche noch zur Zeit im Dunkeln liegen, ein classisches,
erschöpfendes Werk zu erhalten. Allein den Unterthanen
liegt nichts daran, daß gute Ideen sicher in gedruckten

Werken aufbewahrt werden, sondern daß das Recht lebendig in den Köpfen der Richter und Anwälte wohne, und daß es diesen möglich sei, sich umfassende Rechtskenntnisse zu erwerben. Dies wird aber bei dem römischen Rechte stets unmöglich bleiben."

An diese Mittheilung der damaligen Thibaut'schen Ansicht mögen sich einige Betrachtungen anreihen. Man sieht, das ganze bestehende Recht sucht Thibaut zunächst und ausschließlich in den Gesetzen. Selbst das einheimische deutsche Recht wird nur auf die altdeutschen Gesetze, Particulargesetze und Reichsgesetze basirt. Was Thibaut unter jenen altdeutschen Gesetzen verstehe, weiß ich in der That nicht; denn die allerdings seit Jahrhunderten veralteten Leges Barbarorum, die doch selbst keine Gesetze im neueren Sinne waren, sind nicht altdeutsch, und die deutschen Rechtsbücher des Mittelalters sind keine Gesetze. Weil nun aber die bestehende Gesetzgebung nach Thibaut's Ansicht theils lückenhaft, theils despotisch, theils fremdartig ist, und doch das Recht eine vollständige Gesetzgebung voraussetzt, so begreift man leicht, wie Thibaut die Erlassung eines allgemeinen bürgerlichen Gesetzbuches für das wahre und einzige Heilmittel jenes kranken Zustandes halten konnte.

So trostlos diese Ansicht von dem Rechte ist, so niederschlagend mußte eine solche Auffassung für die Wissenschaft sein, die genöthigt war, sich mit diesem Rechte zu befassen. Wie konnte man mit innerer Freudigkeit den Geist des deutschen Rechtes erforschen und das einheimische Recht fortbilden, wenn man doch nur einen „endlosen Wust

einander widerſtreitender, vernichtender, buntſcheckiger Be-
ſtimmungen" zu durchwühlen hatte? Wie war es möglich,
mit Liebe ſich dem Studium des römiſchen Rechtes hinzu-
geben, da auch hier ein mißrathenes Geſetzbuch aus der
Periode des tiefſten Verfalls der römiſchen Nation der
Mühe nur ſchlecht lohnen konnte? Es hat nichts Auffallendes,
wenn Thibaut an einer anderen Stelle ſeiner Schrift nach
Perſien und China verweiſt; denn ein ſchlimmeres Recht
kann man doch nicht leicht dort finden, als welches hier
den Geiſt beengend umgibt und niederdrückt. Und es
iſt in der That viel auffallender, daß Thibaut ſeither noch
fortwährend dem römiſchen Rechte ſo viele Aufmerkſamkeit
gewidmet und ein ganzes Leben in deſſen Dienſte verwen-
det hat. Wie für das Recht, ſo iſt auch für die Rechts-
wiſſenſchaft nach ſeiner Anſicht kein Segen zu erwarten, ſo
lange ihr nicht durch ein neues Geſetzbuch ein beſſerer Stoff
zur Verarbeitung geboten wird.

Sehr wahr iſt es, wenn Thibaut ſagt, das Recht
müſſe nicht bloß in gedruckten Werken, ſondern lebendig
in den Köpfen der Richter und Anwälte wohnen. Damit
iſt aber noch lange nicht genug geſagt, ganz abgeſehen
davon, daß man billig zweifeln mag, ob denn wirklich die
modernen Geſetze etwas Lebendigeres ſeien, als andere
gedruckte Werke. Es iſt nicht genug geſagt; denn es ſoll
das Recht nicht allein in den Richtern und Anwälten
ein lebendiges ſein. Nicht in den engen Kreis dieſer Ju-
riſtenzünfte iſt es eingeſchloſſen, noch für dieſe nur vorhanden. Es ſoll vielmehr in den Mächtigen und Schwachen, den Hohen und Niedern, den Reichen und Armen,
den Gebildeten und Ungebildeten, in Allen und für

Alle soll es ein lebendiges Recht sein, sie Alle umfassend, Alle verbindend, Alle beherrschend.

Das ist der entscheidende Wendepunkt der wissenschaftlichen Ansichten. Und von da aus gelangen wir hinüber zu der Richtung, auf welche früher schon Hugo hingewiesen, welche Savigny aber am schärfsten bezeichnet hat.

III.

Savigny'sche Ansicht.

Das berühmte Buch von Savigny „Vom Beruf unserer Zeit für Gesetzgebung und Rechtswissenschaft" erschien
kurz nach jener Schrift von Thibaut. Beide Männer gehören zu den edelsten Geistern der deutschen Nation, beiden
schlug ein warmes Herz für ihr Vaterland, beide waren damals ergriffen und gehoben von der großen Deutschland
rettenden Bewegung der Völker und ihrer Fürsten, beide
waren entschlossen, ihrerseits zu einer bessern Umgestaltung
des Rechtes und der Rechtswissenschaft zu wirken, und in
beiden war eine große innere Kraft dafür vorhanden.

Aber wie sehr unterschieden sich hinwieder trotz diesem
Gemeinsamen die beiden Männer in ihrer Auffassungsweise
und in der Richtung ihres Bestrebens. Schon der ganze
Halt der beiden Schriften, wie ganz anders ist er hier und
dort. Während Thibaut mit Eifer, ja sogar mit Leidenschaft den tiefen Verfall des Rechtes schildert und mit un-
gestümer und ängstlicher Hast die schnelle Bearbeitung eines
Gesetzbuches fordert, von der er eine glückliche und plötzliche
Reform, um nicht zu sagen Revolution des bestehenden
Rechtszustandes erwartet: so nimmt Savigny einen Stand-
punkt ein über der schwebenden Frage und charakterisirt

mit großer Ruhe und Klarheit theils die Hauptirrthümer
der Zeit, theils die Natur des positiven bürgerlichen Rechtes. Auch er mißkennt es nicht, daß die dermaligen Zustände desselben krank seien, aber indem er mit der Geschichte dieses Rechtes seit Jahrhunderten und Jahrtausen-
den zu Rathe geht, so hält er jene Zustände nicht für so
verzweiflungsvoll, als sie geschildert worden, sondern vertraut auf die noch innerlich gesunde Natur des Volkes und
die stille Wirksamkeit einer an günstigen Vorzeichen reichen Zukunft. Zu dem von Thibaut dargebotenen Heilmittel aber hat er kein rechtes Vertrauen, nicht zu dem
Heilmittel an sich, weil es die naturgemäße Entwicklung eher zu stören als zu fördern scheine, nicht zu den
Heilkünstlern, weil er der Ansicht ist, daß ihre Wissenschaft noch kränker sei als die zu heilenden Rechtszustände,
nicht zu den praktischen Juristen, welche der Rechtspflege obliegen, weil er voraussetzt, daß diese sich entweder
in die plötzliche Umgestaltung nicht finden könnten, oder
losgerissen von der Ueberlieferung der Vergangenheit leicht
neue Willkür und neue Mißbräuche einführen würden. Ja
was freilich empfindlich genug sein mochte, wie höflich gegen
die Gegner und wie objectiv nur die Zustände bezeichnend
auch Savigny schrieb, er findet den Hauptsitz der Krankheit
in den Aerzten selbst.

So wichtig nun aber die Frage über die Zweckmäßig-
keit neuer vollständiger Gesetzbücher an sich ist, so hat sie
doch für die Bedeutung und wissenschaftliche Stellung der
historischen Schule nur einen untergeordneten
Werth. Und es ist ein grober Irrthum, zu meinen, daß
die historische Ansicht vom Rechte sich vornehmlich dadurch

unterscheide von den andern wissenschaftlichen Richtungen in der Jurisprudenz, daß die Anhänger der erstern gegen die Abfassung neuer Gesetzbücher, die der letztern dagegen für dieselbe eingenommen seien. Denn selbst Savigny hat sich nicht absolut gegen jede Gesetzgebung erklärt. Und wenn er allerdings den damaligen Juristen die Fähigkeit abgesprochen hat, ein gutes Gesetzbuch zu bearbeiten, so hat er selber doch viel dazu beigetragen, um diese Fähigkeit der Reise entgegen zu führen. So kann es auch Juristen geben und gibt solche, welche die historische Ansicht vom Rechte vollständig in sich aufgenommen haben und doch umfassende Gesetzgebungen von Zeit zu Zeit für wünschbar halten.*) Wohl aber hat jener Streit über ein allgemeines bürgerliches Gesetzbuch Veranlaßung gegeben, einen andern, tiefer liegenden und von der Entscheidung jenes Streites nicht abhängigen Gegensatz in der Auffassungsweise des positiven Rechtes ans Licht zu bringen. Insofern waren wir genöthigt, ihn hier mit zu berühren, sind aber nicht veranlaßt, auch die Gründe für und wider neue Gesetzbücher näher zu erörtern**).

---

*) Anmerkung zur zweiten Auflage. In dieser praktisch wichtigen Beziehung ist das Verlangen gemeinsamer deutscher Gesetzeswerke seit Thibaut immer allgemeiner und stärker geworden und Savigny hat noch in seinen letzten Lebensjahren die tröstliche Erfahrung machen können, daß — zunächst auf dem Gebiete des Wechsel- und Handelsrechts — die deutsche Nation ihren Beruf bewährt hat, diese Verhältnisse in gemeinsamen Gesetzbüchern mit klarem Bewußtsein und festem Willen zu ordnen.

**) Die Literatur darüber findet sich für Deutschland in der Zeitschrift für geschichtliche Rechtswissenschaft, Bd. III, S. 1 ff., für England in einem Aufsatze von Warnkönig in der krit. Zeitschrift für Rechtswissenschaft und Gesetzgebung des Auslandes, Bd. III, S. 231 ff., für Nordamerika ebendaselbst III, S. 444 ff.

Die damals herrschende Ansicht der älteren Juristen, in der auch Thibaut befangen war, ließ alles positive Recht aus Gesetzen entstehen, aus Gesetzen im Sinne von ausdrücklichen Geboten oder Verboten der gesetzgebenden Gewalt. Das Gewohnheitsrecht galt für eine trübe Quelle der Rechtsbildung und wurde meistens nur darum nicht ganz verworfen, weil die unvollständige Gesetzgebung noch einiger Ergänzungen nicht entbehren zu können und dasselbe stillschweigend und zur Noth bestehen zu lassen schien.

Savigny faßte nun das Recht, wie die Sprache und die Sitte wieder auf als eine Seite des Volkslebens. So weit die Geschichte hinaufreicht, finden wir immer schon ganze Völker, die sich von den andern unterscheiden durch Abstammung, Sprache, Lebensweise, Sitte, Recht. Die Völker wachsen, reifen, nehmen ab und gehen unter, die einen schneller, die andern langsamer, die einen vor, die andern nach den andern, die einen von reichen Schicksalen gehoben und betroffen, die andern in einförmiger Weise dahin schleichend, verschieden an Anlagen, Tugenden und Gebrechen. Diese Volksindividualität äußert sich denn auch im Rechte, und anders wird das Recht sein in der Jugendzeit, anders im Alter des Volkes. Savigny schildert denn auch in einigen Grundzügen diese verschiedenen Zustände des Rechts, indem er vorzugsweise die Geschichte des römischen und des deutschen Rechtes vor Augen hat, in folgender Weise:

„Diese Jugendzeit der Völker ist arm an Begriffen, aber sie genießt ein klares Bewußtsein ihrer Zustände und Verhältnisse, sie fühlt und durchlebt diese ganz und voll-

ftändig, während wir, in unferm künftlich verwickelten Da=
fein, von unferm eigenen Reichthum überwältigt find, an=
ftatt ihn zu genießen und zu beherrfchen. Jener klare, na=
turgemäße Zuftand bewährt ftch vorzüglich auch im bürger=
lichen Rechte, und fo wie für jeden einzelnen Menfcheu
feine Familienverhältniffe und fein Grundbefitz durch eigene
Würdigung bedeutender werden, fo ift aus gleichem Grunde
möglich, daß die Regeln des Privatrechtes felbft zu den
Gegenftänden des Volksglaubens gehören. Allein jene
geiftigen Functionen bedürfen eines körperlichen Dafeins,
um feftgehalten zu werden. Ein folcher Körper ift für die
Sprache ihre ftete, ununterbrochene Uebung, für die Ver=
faffung find es die ftchtbaren, öffentlichen Gewalten; was
vertritt aber diefe Stelle bei dem bürgerlichen Rechte? In
unfern Zeiten find es ausgefprochene Grundfätze, durch
Schrift und mündliche Rede mitgetheilt. Diefe Art der
Festhaltung aber fetzt eine bedeutende Abftraction voraus,
und ift darum in jener jugendlichen Zeit nicht möglich.
Dagegen finden wir hier überall fymbolifche Handlungen,
wo Rechtsverhältniffe entftehen oder untergehen follen. Die
finnliche Anfchaulichkeit diefer Handlungen ift es, was äu=
ßerlich das Recht in beftimmter Geftalt festhält, und ihr
Ernft und ihre Würde entfpricht der Bedeutfamkeit der
Rechtsverhältniffe felbft, welche fchon als diefer Periode ei=
genthümlich bemerkt worden ift. In dem ausgedehnten Ge=
brauche folcher förmlichen Handlungen kommen z. B. die
germanifchen Stämme mit den altitalifchen überein, nur
daß bei diefen letzten die Formen feft beftimmter und ge=
regelter erfcheinen, was mit den ftädtifchen Verfaffungen
zufammenhängen kann. Man kann diefe förmlichen Hand=

lungen als die eigentliche Grammatik des Rechtes in dieser Periode betrachten, und es ist sehr bedeutend, daß das Hauptgeschäft der älteren römischen Juristen in der Erhaltung und genauen Anwendung derselben bestand. Wir in neueren Zeiten haben sie häufig als Barbarei und Aberglauben verachtet, und uns sehr groß damit gedünkt, daß wir sie nicht haben, ohne zu bedenken, daß auch wir überall mit juristischen Formen versorgt sind, denen nur gerade die Hauptvortheile der alten Formen abgehen, die Anschaulichkeit nämlich und der allgemeine Volksglaube, während die unsrigen von Jedem als etwas Willkürliches und darum als eine Last empfunden werden. In solchen einseitigen Betrachtungen früher Zeiten sind wir den Reisenden ähnlich, die in Frankreich mit großer Verwunderung bemerken, daß kleine Kinder, ja ganz gemeine Leute, recht fertig französisch reden.“

„Aber dieser organische Zusammenhang des Rechtes mit dem Wesen und Charakter des Volkes bewährt sich auch im Fortgange der Zeiten, und auch hierin ist es der Sprache zu vergleichen. So wie für diese, gibt es auch für das Recht keinen Augenblick eines absoluten Stillstandes, es ist derselben Bewegung und Entwicklung unterworfen, wie jede andere Richtung des Volkes, und auch diese Entwicklung steht unter demselben Gesetz innerer Nothwendigkeit, wie jene früheste Erscheinung. Das Recht wächst also mit dem Volke fort, bildet sich aus mit diesem und stirbt endlich ab, so wie das Volk seine Eigenthümlichkeit verliert. Allein diese innere Fortbildung auch in der Zeit der Cultur hat für die Betrachtung eine große Schwierigkeit. Es ist nämlich oben behauptet worden, daß der eigentliche Sitz des

Rechtes das gemeinsame Bewußtsein des Volkes sei. Dieses läßt sich z. B. im römischen Rechte für die Grundzüge desselben, die allgemeine Natur der Ehe, des Eigenthums u. s. w. recht wohl denken, aber für das unermeßliche Detail, wovon wir in den Pandekten einen Auszug besitzen, muß es Jeder für ganz unmöglich erkennen. Diese Schwierigkeit führt uns auf eine neue Ansicht der Entwicklung des Rechtes. Bei steigender Cultur nämlich sondern sich alle Thätigkeiten des Volkes immer mehr, und was sonst gemeinschaftlich betrieben wurde, fällt jetzt einzelnen Ständen anheim. Als ein solcher abgesonderter Stand erscheinen nunmehr auch die Juristen. Das Recht bildet sich nunmehr in der Sprache aus, es nimmt eine wissenschaftliche Richtung, und wie es vorher im Bewußtsein des gesammten Volkes lebte, so fällt es jetzt dem Bewußtsein der Juristen anheim, von welchen das Volk nunmehr in dieser Function repräsentirt wird. Das Dasein des Rechtes ist von nun an künstlicher und verwickelter, indem es ein Doppeltes Leben hat, einmal als Theil des ganzen Volkslebens, was es zu sein nicht aufhört, dann als besondere Wissenschaft in den Händen der Juristen. Aus dem Zusammenwirken dieses doppelten Lebensprincipes erklären sich alle späteren Erscheinungen, und es ist nunmehr begreiflich, wie auch jenes ungeheure Detail ganz auf organische Weise, ohne eigentliche Willkür und Absicht entstehen konnte."

Die Wahrnehmung, daß zur Zeit der höchsten Ausbildung des römischen Rechtes die römische Gesetzgebung äußerst dürftig war, daß sie dagegen viel bedeutender ward und zuletzt das ganze System in sich aufnahm, als schon alles wahre Leben in der Nation und in der Rechtsbildung

2

erſtorben war, wird dann näher ausgeführt, um den Beweis zu führen, daß ein relativ vollkommener Rechtszuſtand keineswegs nothwendig auf einer relativ vollſtändigen Geſetzgebung beruhe.

So war denn wieder die Nationalität und Individualität des Rechtes anſchaulicher geworden. Das Recht war nicht bloß ein von Oben her gebotenes, ſondern aus dem Geiſte der Nation war es herausgewachſen als deſſen Form. Es war nicht ein willkürliches, das heute ſo und morgen anders ſein konnte, ſondern die Vergangenheit war mit der Gegenwart und Zukunft eng verbunden und verwachſen. Es war nicht ein zufälliges, ſondern ein innerlich beſtimmtes.

Dieſe Einſicht in die Natur des poſitiven Rechtes iſt das allein Charakteriſtiſche für die hiſtoriſche Schule. Nur von dieſem Geſichtspunkte aus ſind ihre Leiſtungen und iſt die Umgeſtaltung, welche ſeither die Jurisprudenz durch ſie erfahren hat, zu beurtheilen.

IV

Die Bearbeitung des bürgerlichen Rechtes. Römisches Recht.

Die geschichtlichen Studien waren seit Langem — zumal auf dem Gebiete der Jurisprudenz — sehr vernachläßigt worden. Sie erhielten nun einen neuen Impuls. Jener Streit war zunächst geführt worden über das bürgerliche Recht und dessen Fortbildung. Dafür wurde denn auch in der nächsten Zeit am meisten geleistet.

Das römische und das deutsche Recht wurden sowohl in einzelnen Partien, als in ihrem ganzen organischen Zusammenhange und in ihrer Geschichte neuen Untersuchungen unterworfen. Von dem historischen Standpunkte aus zunächst wurde das Interesse an diesen Studien lebendig. Es war wieder eine Liebe zu diesen Wissenschaften möglich geworden, und wie in der physischen Natur in der Liebe die Zeugungskraft sich äußert und Früchte bildet, so bedurfte es auch hier wieder der Liebe, um fruchtbar einzuwirken auf die Erkenntniß.

Wie ganz anders mußte nun der historischen Schule das römische Recht vorkommen, als den Anhängern der ältern Ansicht? Das römische Recht zunächst als solches, als Recht des römischen Volkes, das römische Recht, nicht ein-

2*

geschlossen in das Corpus Juris, noch weniger entsprungen aus der Willkür des Kaisers Justinian, sondern mit mehr als tausendjähriger Geschichte, die sich aufs Engste anschließt an die Geschichte des römischen Volkes und Staates. Wer auch nur einigen historischen Sinn hat, der wird es nie über sich vermögen, eine welthistorische Erscheinung von solcher augenfälligen Größe abschätzig zu beurtheilen. In allen übrigen Richtungen der Literatur sind die Römer Schüler und Nachahmer der Griechen, erreichen aber nie ihre größeren Lehrer und Vorbilder. Ihre Dichter, Redner und Philosophen stehen weit zurück hinter den griechischen Dichtern, Rednern und Philosophen. In der Jurisprudenz dagegen haben die Römer die Meisterschaft errungen; in dieser Wissenschaft finden sie im Alterthume keine Rivalen. Das ist aber nicht eine zufällige Erscheinung. Das römische Recht ist nicht etwa die Erfindung weniger kluger Köpfe, oder sogenannter weiser Gesetzgeber; und die römischen Juristen sind nicht, wie die Minerva aus dem Haupte Jupiter's, so fix und fertig plötzlich in die Welt gesprungen. Die ganze Anlage des römischen Volkes und seine Geschichte haben nach Jahrhunderten hier eine eigenthümliche Ausbildung des Rechtes und der Rechtswissenschaft hervorgebracht, die nachtheilig wirken mußte.

Schon in der ersten Zeit hat das römische Recht jenen strengen Charakter fester und innerhalb eines gewissen Kreises absoluter Herrschaft, der dasselbe fortwährend auszeichnet, damals noch wahrscheinlich gemildert durch religiöse Vorstellungen. Die nicht erfundenen und gesetzgeberisch aufgenöthigten, sondern in der Sitte und Anschauung des Volkes wurzelnden Formen gaben ihm damals schon sichern

Halt und leichte Erkennbarkeit. Es bestand schon ein in sich zusammenhängender harmonischer Organismus.

Derselbe Geist, der die Römer zur Ausdehnung ihrer Herrschaft trieb und sie zum Siege befähigte, beseelte auch die Fortbildung ihres Rechtes. In der Stadt Rom fand und erhielt dasselbe seine Einheit. Und als neue Be=dürfnisse, ein erweiterter Gesichtskreis, ein vervielfältigter Verkehr mit andern Völkern neue Rechtsbegriffe und neue Rechtsinstitute erforderten und erzeugten, da wußten die Römer — von sicherm Takte geleitet — diesem werdenden Rechte einen eigenthümlichen, die Harmonie des bestehenden althergebrachten Rechtes nicht störenden, Schutz zu gewähren. Neben dem alten Rechte bildete sich ein analoger Or=ganismus des neuen Rechtes aus, sich an das erstere anschmiegend und dasselbe umfassend.

Nicht plötzlich traten die Gegensätze hervor. Allmälig entstanden sie, von der sich im stillen ändernden Sitte ge=tragen. Nicht die Gesetzgebung schuf das neue Recht; nur kümmerlich hatte sie das alte ausgesprochen und anerkannt. Sondern die Prätoren vornehmlich in ihren alljährlich er=neuerten Edicten schützten die modernen Rechtsansichten ihrer Zeit, gleichen Schritt haltend mit der wirklichen Fort=bildung des Lebens. Da sie aber zugleich die Wahrer und Schirmer des alten bestehenden Rechtes waren, so paßten sie ihre Schutzmittel für das neue Recht möglichst den Vor=stellungen und Formen des alten Rechtes an, und lösten diese nur, wo es ihnen nöthig schien und soweit es ihnen nöthig schien, um dem neuen Triebe Luft zu verschaffen. Der Gegensatz zwischen dem civilen und dem prätori=schen Rechte war nicht ein feindlicher, auf Zerstörung hin=

zielender, sondern ein friedlicher, das gesunde Leben för=
dernder.

Als die Weltherrschaft der Römer festgestellt war,
mußte auch das bürgerliche Recht in noch einen weitern
Kreis des Wachsthums übergehen. Dem Rechte der Römer
trat ein gemeines Recht aller Völker (Jus Gentium) er=
gänzend an die Seite, erhielt aber wieder von Rom aus
die nöthige Einheit und Festigkeit. Gerade wie früher die
innern Parteikämpfe der Patricier und Plebejer den rö=
mischen Charakter nicht aufzehrten, sondern stählten, den
Organismus des Staates nicht auflösten, sondern bereicher=
ten und die Macht der Stadt nach Außen nicht verminder=
ten, sondern verstärkten und ausdehnten: gerade so machten
erst diese Gegensätze innerhalb des bürgerlichen Rechtes und
der fortdauernde in allen einzelnen Instituten sich stets er=
neuernde Kampf derselben jene großartige Gestaltung der
römischen Rechtsordnung möglich, wie wir sie zur Zeit der
classischen Juristen wiederfinden, und bereiteten die Welt=
herrschaft des römischen Rechtes vor, welche nach dem Un=
tergange des römischen Reiches sich zum zweiten Mal über
das civilisirte Europa verbreitete.

In diese Zeit der höchsten Vollendung aller zur Har=
monie vereinigten Gegensätze fällt die wissenschaftliche Ver=
arbeitung des römischen Rechtes durch die Juristen. An=
geborene Anlage und die Gunst äußerer Verhältnisse, wie
sie seitdem kaum irgendwo in solcher Weise sich wieder zu=
sammengefunden haben, vereinigten sich, um die Jurispru=
denz auf eine Stufe zu erheben, welche sie seither auch in
keinem Lande wieder erreicht hat. Zwar werden die Be=
griffe von den Neuern oft schärfer definirt als von den

Römern, die jede Begriffserklärung im Rechte für gefähr-
lich erklärten, aber viel sicherer als die Neueren, und viel
schärfer wenden die römischen Juristen je im einzelnen
Falle die wahren Begriffe an und greifen hier nicht fehl.
Während die Neuern nur zu oft das Leben der Schultheorie
opfern, so ist dagegen die wissenschaftliche Behandlung der
Römer durchaus lebendig und practisch. Ihre Wissen=
schaft ist hervorgegangen aus der ältern Kunst, die
einzelnen Fälle juristisch zu behandeln. Erst allmälig löste
sich so von der Erfahrung und der Anschauung des wirklichen im Leben sich darstellenden Rechtes die Theorie
darüber ab. Daher ihre Faßlichkeit, ihre Sicherheit, ihre
Anwendbarkeit.

Aber auch das römische Recht ging seinem Verfalle
entgegen. Die inneren Triebe nahmen ab, die Säfte ver-
trockneten allmälig. Das Edict der Prätoren war zuletzt
doch stehend geworden; die Wissenschaft versank zur bloßen
Erinnerung und Ueberlieferung der frühern Arbeiten; neue
vermochte sie nicht mehr zu produciren. Erst da begann
recht die Thätigkeit der kaiserlichen Gesetzgebung,
altes und veraltetes Recht aufhebend, Gegensätze beseitigend,
neues Recht einführend, ohne es mehr recht durchführen zu
können, ältere noch anwendbare Litteratur sammelnd, im
Auszuge mittheilend, Einzelnes oft im Sinne der spätern
Zeit ändernd.

Es ist merkwürdig genug, daß das römische Recht
gerade in der Gestalt, welche es in dieser spätern Periode,
zur Zeit seines Absterbens, bekam, als gemeines Recht
von neuem sich eine Weltherrschaft angemaßt und errungen hat. Aber auch das ist nicht zufällig. Gesetzt, zur

Zeit der Reife des römischen Rechtes, zur Zeit der classischen Juristen hätte ein römischer Kaiser das damalige Recht
gesammelt und ein Gesetzbuch bearbeiten lassen in ähnlicher
Weise, wie das später Justinian für seine Zeit gewiß löb-
lich genug gethan hat; jenes Gesetzbuch wäre unzweifelhaft
sehr viel vollkommener, reicher, wissenschaftlicher geworden,
als das Justinianische Corpus Juris. Aber höchst wahrscheinlich hätte es nie in dem neuern Europa gleiche Autorität und Geltung als Gesetzbuch erlangt. Damals war
das römische Recht noch so reich an nationalem Leben, so
eigenthümlich, so viel gegliedert und kunstreich in seinen
Formen, daß die neuern Völker sich der Herrschaft eines so
entschieden fremden Rechtes nicht gefügt hätten. Als Justinian dagegen seine Gesetzgebung zusammentragen ließ, da
war das echtrömische schon großentheils abgestorben und die
allgemeineren, abstracteren Begriffe, vorzüglich im Sinne
des gemeinen Rechtes aller Völker (des Jus Gentium)
waren das vorherrschende Element dieses spätern Zustandes.
Diese aber gerade eigneten sich am besten, als Ueberlieferung der alten Welt auf die moderne zu wirken.

So betrachtete die historische Schule das römische Recht
als eine mächtige Gliederung, und schrieb ihm wie ein
reiches, höchst bedeutendes Leben und Wachsthum, so auch
ein welthistorsiches Interesse zu, welches sogar noch bestim-
mend und leitend einwirke auf die Rechtszustände der Gegenwart. Nicht mit Widerwillen, sondern mit Lust gab sie
sich daher dem Studium des römischen Rechtes hin. Die
Schriften der classischen Juristen vorzüglich wurden wieder
genauer studirt, nicht als starre, todte Gesetze, sondern als
Fragmente einer geistreichen Litteratur. Die Texte wurden

verbessert, die darin niedergelegten Gedanken neubelebt, der
ursprüngliche Zusammenhang hergestellt, die Institute gene=
tisch beleuchtet. Wie zur Zeit von Cujacius, so lohnten
auch jetzt wieder neue Entdeckungen verborgener Zeugnisse
und Schriften des Alterthums dem wieder erwachten Fleiße.
Wer die Leistungen während der letzten fünf und zwanzig
Jahre*) übersieht und mit viel größern frühern Zeiträumen
vergleicht, dem kann es nicht entgehen, wie bedeutende Fort=
schritte seither in der Erkenntniß und der lebendigen Auf=
fassung des römischen Rechtes gemacht worden sind. Und
wer ehrlich der Wahrheit Zeugniß geben will, kann nicht
bestreiten, daß die wichtigsten und besten Leistungen vor=
züglich der historischen Schule angehören**).

---

*) **Anmerkung zur zweiten Auflage.** Im Jahre 1839 ge=
schrieben.

**) Auch Thibaut erkennt dieses an in seiner neuesten Schrift über
die sogenannte historische und nichthistorische Rechtsschule, im Civil. Archiv,
Bd. XXI. S. 406. Und hätte er sich bei dieser Gelegenheit nur über
den Hochmuth derer beschwert, die ohne eigenes Verdienst sich behaglich
in dem Glanze großer historischer Juristen sonnen, so würde auch darin
ihm jeder Billige gern zustimmen. Aber wenn er selbst die Ersten sogar
unter Sigonius stellt, so kann man sich des Gedankens nicht erwehren,
als habe er zwar nicht den Mitlebenden, zumal nicht seinen Gegnern,
wohl aber den verstorbenen Vorgängern schmeicheln wollen, um jene her=
abzusetzen. Einen Maßstab, um die Größe verschiedener Gelehrter, die
in verschiedenen Zeiten und in verschiedenen Verhältnissen gelebt haben,
genau zu messen, wie man auf den Paßbüreaus die Leibesgröße der
Reisenden mißt, gibt es wohl nicht. Und so wird es jeder Zeit das Ge=
rathenste sein, Jeden in seiner Weise gelten zu lassen und anzuerkennen.
Wahre Achtung und freudig dankbare Anerkennung früherer Verdienste
verträgt sich recht gut mit einem frischen und lebhaften Bewußtsein auch
des Werthes der gegenwärtigen Bestrebungen. Ueberschätzung der Vor=
fahren aber ist eben so irrig, als die übertriebene Einbildung von den
Vorzügen der Gegenwart; und jene ist so schädlich wie diese; denn wenn
diese leicht entweder zu fauler Ruhe oder zu leichtfertigen und eiteln Un=

Freilich ist noch lange nicht genug geschehen, und man kann ein Lächeln kaum unterdrücken, wenn man oft von denen am meisten, die am wenigsten selbst gethan und sich bequem genug auf die Werke der Meister gelagert haben, die bewundernswürdige Blüthe anpreisen hört, welche die römische Jurisprudenz in unsern Tagen erlebt habe. Zum Ausruhen ist die Zeit noch lange nicht reif, wenn man sich schon namhafter Fortschritte billig freuen darf.

Auch den öfter gehörten Irrthum müssen wir wegweisen, als ob die historische Schule eine Cotterie sei von befreundeten Personen, die sich gegenseitig rühmen und alle Andern schelten. Beides kommt in allen Wissenschaften und in allen Richtungen der Wissenschaften häufig genug allerdings vor, und wird vermuthlich so lange vorkommen, als die Gleich=gesinnten sich näher stehen und als Eitelkeit, Eifersucht und Neid in der menschlichen Seele noch Schlupfwinkel finden. Das hat aber mit der historischen Schule und ihrer Bedeutung nichts zu schaffen. Wir haben die Richtung nach=gewiesen, welche ihr in der wissenschaftlichen Behandlung eigenthümlich ist. Wer in dieser Richtung arbeitet, gehört zur historischen Schule, er mag nun bei diesem oder jenem Lehrer als Schüler gesessen haben, mit diesem oder jenem in freundlicher Verbindung stehen. Ja sogar dann gehört er zur historischen Schule, wenn er sich selber nicht dazu rechnet; denn sie beruht nicht auf subjektiver Meinung, sondern auf dem objektiven Charakter der Wissen=

---

ternehmungen veranlaßt, so drückt jene oft den Muth nieder und verdüstert die innere Freudigkeit, welche nöthig ist, damit Tüchtiges geschaffen werde. Vergl. auch darüber Savigny in der Zeitschrift für geschichtl. Rechtswissenschaft, I. S. 9 ff.

ſchaft. Wer dagegen dieſen hiſtoriſchen Zuſammenhang im Rechte nicht erkennt und läugnet, der gehört ſtatt zur hiſtoriſchen zur unhiſtoriſchen Schule, wie Savigny ſie ganz paſſend genannt hat, da ihr Weſen nur im Regiren der hiſtoriſchen Richtung beſteht.

Ja wir können noch weiter gehen. Es hat die hiſtoriſche Schule auf dem Gebiete des römiſchen bürgerlichen Rechtes ſo entſchiedene Erfolge erkämpft, daß es hier ge=genwärtig keine hiſtoriſche Schule mehr gibt. Eine wiſſenſchaftliche Schule nämlich iſt nur ſo lange denk=bar, als das Grundprincip, worauf ſie beruht, ihr aus=ſchließlich eigen iſt, als ſie ſich durch Feſthaltung desſelben unterſcheidet von den andern wiſſenſchaftlichen Richtungen. Sobald einmal, was ſie vorher zu einer Schule geſtempelt hat, Gemeingut geworden iſt der ganzen Wiſſenſchaft, ſo hört ſie auch auf, als Schule zu gelten. Und das iſt nun hier allerdings geſchehen. Zwar gibt es noch immer Juriſten, denen das römiſche Recht nur als ſtarre Geſetzgebung vor Augen ſchwebt und die in ihren Schriften wenig hiſto=riſchen Sinn offenbaren; es gibt ſogar noch Juriſten, welche mit lächerlichem Pathos und in ſteifer Pedanterie von der geſchriebenen Vernunft reden, welche in den Geſetzen (sic!) von Papinian, Ulpian u. ſ. f. zu finden ſei; aber es wagt doch Niemand mehr, dem irgend ein Urtheil in dieſer Sache zuſteht, zu beſtreiten, daß das römiſche Recht ein poſitives, nicht von irgend einem Geſetzgeber erfundenes, ſondern mit dem römiſchen Volke aufgewachſenes und groß gewordenes Recht ſei, welches man zunächſt auf hiſtoriſchem Wege kennen lernen müſſe. Und auch in den erklärteſten Gegnern der hiſtoriſchen Schule hat doch die ſeitherige hiſtoriſche Be=

handlungsweise Veränderungen zu Wege gebracht und sie
genöthigt, selber historischer zu verfahren, als sie es früher
gethan. So standen die Sachen aber noch nicht vor einem
Vierteljahrhundert. Damals war es noch nöthig, den Gegensatz recht scharf zu bezeichnen gegen die frühere Zeit,
und eine Schule zu bilden, welche die lange so sehr ver-
nachlässigten historischen Studien wieder auferweckte. Nun
diese Richtung von Neuem allgemeine Anerkennung auf
diesem Gebiete gefunden hat, und es zwar Solche gibt, die
nicht selbst lebendig durchdrungen sind von dem historischen
Geiste, aber Keine, die ihn zu läugnen und zu bestreiten
wagen, so gibt es auch keinen wahren Gegensatz mehr
zwischen einer historischen und einer unhistorischen Schule, und man thäte besser, im bürgerlichen Rechte
nicht mehr von solchen Schulen zu reden.*)

---

*) Auch Savigny hat sich nun in ähnlichem Sinne ausgesprochen.
Vorrede zum System des röm. Rechts. S. XVI.

V.

Deutsches Recht.

Das eben Gesagte gilt in weit stärkerem Maße von der Behandlung des deutschen Rechtes. Hier ist nun in den letzten 25 Jahren (1814—1839) am meisten gearbeitet, und hier sind auch die wichtigsten Resultate zu Tage gefördert worden. Noch viel Mehreres aber bleibt zu thun übrig. Denn wie sehr auch, seidem jene beiden Schriften von Thibaut und Savigny erschienen sind, die Kenntniß des deutschen Rechtes durch die Werke von Eichhorn, Hasse, Mittermaier, Jakob Grimm, Albrecht, Gaupp, Beseler und Andern bereichert worden ist, so wird doch jeder Kundige zugeben müssen, daß die deutsche Rechtswissenschaft im engeren Sinne die große Aufgabe, die ihr gesetzt ist, nicht nur noch nicht erfüllt, sondern erst angefangen hat, recht zu verstehen. Aber Alles, was bisher geleistet worden, ist mit vollem Bewußtsein der historischen Rechtsentwicklung geschehen. Dahin ist der Streit einer historischen und unhistorischen Schule gar nie gedrungen, weil von Anfang an eine unhistorische oder antihistorische Behandlung sich gar nicht sehen ließ, vielmehr alle Germanisten von historischem Geiste beseelt waren, mochten sie sich nun persönlich zu einer sogenannten histo= rischen Schule rechnen oder nicht.

Anziehend bleibt es aber, den Zustand, in dem sich die deutsche Rechtswissenschaft jetzt schon befindet, zu vergleichen mit dem, was Thibaut und Savigny in den Jahren 1814 und 1815 über das deutsche Recht gesagt haben. Thibaut, gewiß ein Mann von deutscher Gesinnung, sprach damals sehr wegwerfend über das hergebrachte deutsche Recht, dieses nach dem Zustande verworrener Ge= setzgebung beurtheilend. Savigny in seinem Buche über den Beruf hob doch vorzugsweise nur die Bedeutung des römischen Rechtes hervor und redete nur ziemlich beiläufig von dem deutschen Rechte. Aber schon 1815 wies Sa= vigny, dem man so gern eine übertriebene Vorliebe für das römische Recht vorwirft, sehr kräftig hin auf die Noth= wendigkeit eines neuen Studiums des noch fast unbekannten deutschen Rechtes. Als er die Zeitschrift für geschichtliche, Rechtswissenschaft eröffnete, schrieb er:

„Die Herausgeber dieser Zeitschrift, welche mit voller Ueberzeugung der geschichtlichen Schule zugethan sind, wün= schen durch ihre gemeinschaftliche Unternehmung die Ent= wicklung und Anwendung der Ansichten dieser Schule zu befördern: theils durch eigene Arbeiten, theils indem sie gleichgesinnten Freunden einen Punkt der Vereinigung dar= bieten. Eine solche Unternehmung darf gerade jetzt, da durch die edelsten Kräfte die höchsten Güter der Nation gerettet sind, mit frischer Hoffnung begonnen werden. Denn alle geschichtliche Untersuchung, zumal die vaterländische, mußte in den letzten traurigen Jahren ein zerreißendes Ge= fühl geben, wie sie jetzt einen neuen frischen Reiz erhalten

hat. Und so würden sich die Herausgeber besonders freuen,
wenn es ihnen gelingen sollte, der geschichtlichen Ergründung des vaterländischen Rechtes eine nene Anregung zu
geben. Gerade hier liegen noch reiche Schätze verborgen,
und so unerkannt, daß die Gegner der geschichtlichen Schule
gewöhnlich alle ihre Feindschaft allein gegen die eifrige Bearbeitung der römischen Rechtsgeschichte richten, die deutsche
aber, als ob sie nicht vorhanden wäre, ganz mit Still-
schweigen übergehen, obgleich dieselbe, wenn ihr Dasein ver-
muthet würde, ihnen eben so verhaßt als die römische, ja
noch verhaßter sein müßte."

Es ist zwar richtig: die meisten unserer gelehrten Juristen sind noch immer dem römischen Rechte vorzugsweise
ergeben und kennen wenig genug von deutschem Rechte.
Auf den Universitäten ist das deutsche Recht noch immer
großentheils ärmlich bedacht, und wird oft nachlässig selbst
von solchen Zuhörern betrieben*), die das Studium des
römischen Rechtes nicht als bloßes Brodstudium behandeln.
Aber vor fünf und zwanzig Jahren war dieses Mißverhält-
niß weit ärger, und bald werden sich die Kräfte gleicher
stehen, im Verfolge aller Wahrscheinlichkeit nach auf
deutscher Seite überwiegen.

Vorher wird es aber noch einen neuen Streit geben in
der Entwicklung der Wissenschaft, zwischen denen, welche dem
deutschen Rechte zur Befreiung und zu gebührender Anerkennung verhelfen, und denen, welche das ganze von dem römischen Rechte eroberte Gebiet vertheidigen wollen: und

---

*) Vgl. auch Mittermaier in der Vorrede zu dem Schäfereirechte
von Scholtz dem Dritten.

da in der Zeit des frischbewegten Kampfes sich die Gegensätze der wissenschaftlichen Fortbildung gewöhnlich in Schulen darstellen, so wird auch da einer romanisirenden
Schule eine deutsche Schule gegenübertreten. Dieser neue
Streit fällt keineswegs zusammen mit dem frühern auf dem
Gebiete des Privatrechtes erledigten zwischen der historischen
und der unhistorischen Schule. Vielmehr werden die echten
historischen Juristen, wenn sie ihrem eigenen Principe treu
bleiben, sich trotz der frühern Vorliebe für das römische
Recht doch immer mehr auf Seite derer sammeln, welche
den geschichtlich begründeten Bedürfnissen unsers Rechtes
gemäß den deutschen Charakter desselben wieder zu Ehren
zu bringen suchen.

Um diese neue Phase der Entwicklung, in welche wir
bereits eingetreten sind*), näher zu bezeichnen, wird es nöthig sein, das Verhältniß des deutschen Rechtes zum römischen mit einigen Zügen zu charakterisiren.

Der römische Staat war ursprünglich in die Stadt
Rom eingeschlossen. Von der Stadt aus wurden allmälig
Italien und die Provinzen unterworfen. Die Stadt blieb
fortwährend der wahre Sitz der römischen Herrschaft, der
Mittelpunkt des römischen Reiches. So war auch das rö-

---

*) Seitdem ich das geschrieben, haben wir nun auch eine eigene
Zeitschrift erhalten für deutsches Recht, von Reyscher und Wilda re-
digirt, somit ein Organ recht eigens für diesen Kampf bestimmt.
Zusatz zur zweiten Auflage. Dürfen wir aus dem Abschluß
dieser Zeitschrift, welche von 1839 bis 1861 gedauert hat, schließen, daß
auch diese Entwicklungsphase nun vorüber sei? Ein Zeichen, daß die
Energie des Streites zwischen Romanisten und Germanisten aufgehört
habe, ist das Ende der rein germanistischen Zeitschrift und das neue
Wachsthum anderer Zeitschriften, in denen sich beide Richtungen ergänzend
die Hände reichen, sicherlich.

mische Recht ursprünglich ein bloßes Stadtrecht und seine Einheit beruhte fortwährend auf dieser Bedeutung der Hauptstadt. Ganz anders die neuern, insbesondere die deutschen Staaten. Diese haben sich nicht aus einzelnen Städten entwickelt, sondern von Anfang an haben sich große Völkermassen über ein weites Gebiet erstreckt und da niedergelassen. Auch später fanden sie ihre Einheit nicht in einer regierenden Hauptstadt, sondern das ganze Volk mit seinem Könige und mannigfach gegliederten Ständen stellte sich im Staate dar als eine reiche Gliederung, die unter sich zwar zu einem Organismus verbunden war, aber ohne daß alle staatliche Gewalt an Einen Ort gebunden oder in Eine Person hineingebannt war. So war denn auch das deutsche Recht ursprünglich kein Stadtrecht, sondern ein Volksrecht. Und wie es verschiedene deutsche Völkerstämme gab, die auch staatlich sich unterschieden, so gab es auch verschiedene Volksrechte. Eine Rechtseinheit, wie das römische Recht sie hatte, gab es somit niemals im deutschen Rechte. Vielmehr zeigt sich in der ersten Zeit schon große Mannigfaltigkeit und es vermehrt sich dieselbe während des Mittelalters unaufhörlich.

Diese Mannigfaltigkeit, die zum Wesen des deutschen Rechtes gehört, ist an sich kein Uebel. Im Gegentheil, sie ist zugleich ein Zeichen von großem geistigem Leben, welches sich nicht in irgend einen einseitigen Begriff oder in eine starre Form zwängen und darin verschließen läßt. Und wie sie selbst an innerm Leben reich ist, so fördert sie hinwieder neues Leben. Auch einer wahren Freiheit ist sie ungemein günstig. Denn sie macht es möglich,

daß das einzelne Land, die Stadt, das Dorf, die Genossen=
schaft, die Familie ihr Individualleben ausprägen kön=
nen, jedes Wesen seiner eigenen Natur und den äußern
Verhältnissen gemäß, in denen es sich befindet. Wir können
daher dem Dichter nur beistimmen, wenn er die Gegner der
Mannigfaltigkeit so schildert:

„Dich irret in der Welt die Vielgestaltigkeit,
Einfält'ger, dir mißfällt die Mannigfaltigkeit. —
Dich aber möcht' ich nicht zum Gärtner meines Garten,
Da du nicht zugestehst den Blumen ihre Arten.
Doch stellte gar dich Gott in seinem Garten an,
Wie würde nicht zu Spott sein Plan vor deinem Plan!
Wie würde nicht genutzt die Scheer', und weggeputzt
Unnützer Putz, und sein gleichförmig zugestutzt;
In Unergetzlichkeit würd' Alles eingeschnürt,
So weit Gesetzlichkeit du hättest eingeführt.

Eine Gefahr aber ist bei dieser Mannigfaltigkeit, welche
die deutsche Nation nicht nur in ihrem Rechte, sondern in
fast allen andern Aeußerungen ihres Lebens ebenfalls cha=
rakterisirt, allerdings vorhanden, die Gefahr nämlich der
überhandnehmenden Verwirrung, der Zerrissenheit,
des Zerfalles. Da kommt es denn eben darauf an, in
der Mannigfaltigkeit die Einheit, in dem reichen
Leben der individuellen Wesen das Bewußtsein
nationaler Gemeinschaft zu erhalten. Auch die deutsche
Sprache war, soweit die Geschichte reicht, nicht eine ein=
heitliche; aber in den Dialekten, in denen sie allein her=
vortrat, war doch die Zusammengehörigkeit, der gemeinsame
Geist und der gemeinsame Charakter der Formen leicht er=
kennbar. Es gab eine deutsche Sprache aber sie erschien in
dem fränkischen, sächsischen, alamannischen Dialekte. Ge=
rade so gab es auch ein deutsches Recht, welches aber nicht

in Einer für alle gleichen Form, sondern in Gestalt von
fränkischen, sächsischen, alamannischen Volksrech-
ten sich äußerte.

Erst in der neuern Zeit wurde eine gemeine deutsche
Sprache ausgebildet, welche die Einheit der deutschen
Völkerschaften erhält und dem deutschen Geiste zum Organe
dient. Diese gemeine deutsche Sprache wird nirgends vom
Volke geredet; selbst die Gebildeten können provinziellen
Ton und oft auch provinzielle Wortfügung und Wortbildung
nicht verläugnen; die gemeine deutsche Sprache verdankt
ihre Entstehung und Fortbildung zunächst deutscher Wissenschaft und Kunst, dann aber auch der höhern und eben deßhalb einen weitern Gesichtskreis überschauenden Gesellschaft.
Aber sie wurzelt in allen den verschiedenen Volksdialekten
und zieht aus allen fortwährend neue Nahrung und Kräfte.

Aehnlich verhält es sich auch mit dem gemeinen
deutschen Rechte. Dieses gilt als solches rein und vollständig in keinem Staate. Ueberall äußert es sich, bald so,
bald anders modificirt, zunächst in den verschiedenen Particularrechten; aber es hält die deutsche Nationalität,
das Gesammtbewußtsein des deutschen Rechtes fest; es hin-
dert das Auseinanderfallen der einzelnen Land- und Stadt-
rechte, und erleuchtet und beseelt alle mit deutschem Geiste.
Die Ausbildung des gemeinen deutschen Rechtes hat nun
aber eben erst begonnen, während die gemeine deutsche
Sprache schon vor drei Jahrhunderten siegreich festgestellt
und seither durch eine vielseitige bedeutende Literatur erweitert und veredelt worden ist. Wenn die deutschen Juristen aber ihre Pflicht thun unnd fortarbeiten, wie manche
angefangen haben, so wird auch da das gemeinsame Gut

3*

aller deutſchen Völkerſchaften ſtets wachſen. Nicht bloß
wird, was jetzt ſchon als gemeines deutſches Recht anerkannt
iſt, nicht mehr verloren gehen und auseinanderfallen, ſondern
es werden auch die Rechtsvorſtellungen und Rechtsinſtitute
von allgemeinem deutſchen Charakter weiter im Einzelnen
durch= und ausgebildet, und täglich wird ſich der bisherige
Stoff aus den Zuflüſſen mehren, welche die reichen Particular=
rechte liefern, auf denen das gemeine deutſche Recht beruht
und in denen es ſeine Wurzeln hat, wie die deutſche
Sprache in den Dialekten. So werden wir nach neuen
fünf und zwanzig Jahren ſchon ein gemeines deut=
ſches Recht von einem Umfange und einer Bedeutung
haben, wie ſie vor 25 Jahren noch von Keinem geahnet
worden. Und es werden die gebildeten Juriſten aller
deutſchen Völkerſchaften mit dieſem Rechte ſich ſo
vertraut machen müſſen, wie alle Gebildeten mit
der deutſchen Sprache. Das vornehmlich iſt die
große Hauptaufgabe der bürgerlichen Jurisprudenz für die nächſte Zeit.*)

*) Anmerkung zur zweiten Auflage. Dieſes Vierteljahr-
hundert iſt nun beinahe abgelaufen, und wir wiſſen nun, was inzwiſchen
zur Erreichung jener hoffnungsvollen Anſicht geſchehen iſt. In manchen
Stücken iſt offenbar in dieſer Zwiſchenzeit die nationale deutſche
und die moderne menſchliche Seite des gemeinſamen Privatrechts
im Gegenſatze zu den antiken römiſchen und den mittelalterlichen ger-
maniſchen Anſichten bewußter und entſchiedener herausgebildet und zur
Geltung gebracht worden, als früher. Aber wir müſſen anerkennen, daß
an dieſer Fortbildung manche Romaniſten unter den Rechtsgelehrten keinen geringern Antheil haben als die eifrigſten Germaniſten. Obwohl es
jenen ſchwerer fällt, als dieſen, ſich der überlieferten Autorität der römiſchen Geſetzgebung zu entziehn, ſo hat doch die Einſicht in die lebendige Natur des wirklichen Rechts und der löbliche Vorſatz, den Rechts-

Wir haben indessen erst einen Gegensatz hervorgehoben
zwischen römischem und deutschem Rechte. Auch in anderer
Hinsicht darf das letztere wohl die Vergleichung aushalten
mit dem erstern. Ueberall zeigt das römische Recht den
Charakter absoluter Herrschaft, sogar in dem Kreise
der Familie. Der Vater ist der absolute Herr über die
Kinder und die Ehefrau ist in die herrschende Hand ihres
Mannes gegeben. Beide sind dem Vater und dem Manne
gegenüber rechtlos. Diese Idee der Herrschaft, welche eine
eigene Rechtssphäre des ihr Unterworfenen gar nicht kennt,
sondern alles Recht in sich selbst zusammenzieht, rührt kei=
neswegs her aus der Zeit des spätern Kaiserthums. Im
Gegentheil, sie hatte in dieser spätern Periode Vieles von
ihrer ursprünglichen Strenge eingebüßt. Sie ist von Alters
hergebracht im römischen Rechte, und während der ganzen
Zeit der Republik hat sie alle römischen Verhältnisse durch=
drungen. Wie viel höher steht hierin das deutsche Recht!
Es kennt auch hier wieder mannigfaltige Abstufun=
gen in der Rechtsfähigkeit, aber keine absolute
Herrschaft des einen Menschen über den andern. Jedem,
selbst schon in alter Zeit dem Hörigen, der sein Gütchen

---

bedürfnissen der Gegenwart gerecht zu werden, auch die Romanisten veranlaßt, theils manche antiquirte Sätze des römischen Rechts auszuscheiden,
theils die römischen Gedanken mit dem Lichte unserer Zeit zu beleuchten,
und den Anforderungen des heutigen Lebens gemäß umzubilden. Noch
entschiedener hat die Gerichtspraxis in ihrer stillen Bewegung dieselbe
Richtung befolgt. Wird erst einmal der mündliche und öffentliche Civilproceß überall eingeführt und zur Wahrheit geworden sein, so wird die
Befreiung unsres Rechts von den Banden und Vorurtheilen einer todten
Gelehrsamkeit sich rascher noch vollziehen. Neben diesen erfreulichen Erscheinungen gibt es freilich auch andere, welche uns daran erinnern, daß
die alte deutsche Erbkrankheit noch lange nicht geheilt sei.

baut, wird eine Rechtssphäre gelassen, in welcher er zu ei=
nem gewissen Grade wenigstens von Freiheit gelangen mag.
Die Familienverhältnisse aber insbesondere sind vorzüglich
schön aufgefaßt. Der Vater ist nicht der Gewalthaber über
seine Kinder, sondern er ist ihr Schirm und Vormund.
Die Kinder sind nicht vermögenslos, nicht bloße Instru=
mente in der Hand des Vaters; vielmehr weiß der deutsche
Vater von jeher, daß was das Kind etwa von seiner ver=
storbenen Mutter ererbt hat, diesem und nicht ihm gehört,
daß er das Vermögen seines Kindes nur verwaltet und ihm
künftig Rechenschaft schuldig ist für das Capital. Man
wende nicht ein, das habe sich im römischen Rechte später
doch auch ähnlich gemacht. Der große Unterschied besteht
darin, daß als der römische Geist abstarb, als das alte
Princip morsch war und seine Formen auseinanderfielen,
daß damals sich ausnahmsweise einzelne und vereinzelte
Spuren finden, die auf den modernen Geist und das neue
Princip gleichsam hindeuten, während im deutschen Rechte
dieser letztere Geist der von jeher lebendige, den ganzen
Rechtsstoff durchdringende war.

Persönlichkeit und Freiheit der Einzelnen, eines
Jeden in seiner eigenthümlichen Rechtssphäre, das ist es,
was das deutsche Recht eben so sehr auszeichnet, als ab=
solute Gewalt das römische. Darum ist das Perso=
nen= und das Familienrecht im deutschen Rechte so viel
bedeutender, reicher und sittlicher als im römischen Rechte.
Nur noch ein Beispiel mag das Gesagte veranschaulichen.
Der römische Vater, der einmal die Gewalt hat über seinen
Sohn, verliert diese Gewalt nicht, wenn er sie nicht selber
aufgibt, bis zu seinem Tode. Auch der bejahrte Sohn ist

noch immer vermögenslos gegenüber dem greifen Vater. Diese Vorstellungsweise ist dem deutschen Rechte völlig fremd. Hier hört die Vorsorge, die Vormundschaft des Vaters auf, sobald der Sohn als reifer Mann die Haus= haltung des Vaters verläßt, sobald er selbständig und selbst= thätig ein eigenes Hauswesen beginnt. So nimmt das deutsche Recht sorgfältig Rücksicht auf die innere Fähigkeit des Sohnes, und läßt ihn als freien, keiner Vormundschaft mehr bedürftigen Mann gelten, sobald er herangewachsen ist. Das römische Recht dagegen kümmert sich nicht um die Persönlichkeit des Sohnes, sondern hält seinen starren Begriff der Herrschaft auch da noch fest, wo dieselbe un= sittlich wird.

Das römische Recht ferner ist viel formeller als das deutsche Recht. Zwar haben es die römischen Juristen wie= der auf eine bewundernswürdige Weise verstanden, das ma= terielle Recht, wo es von den Formen bedroht war, als Aequitas zu schützen. Aber selbst dieser Schutz wurde wieder in eigenthümlichen neuen Formen gewährt, welche bald das enge Band der civilen Form etwas lockerten, um der Aequitas Raum zu verschaffen, wie in den Actiones utiles; bald der Aequitas den Schein der civilen Form ge= währten, wie in den Fictionen; bald das strenge Recht be= richtigten, durch Einreden u. s. f. Dieser Formalismus des römischen Rechtes gibt demselben zwar eine gewisse Starrheit, aber zugleich auch große Sicherheit und Klarheit. Es hat etwas Krystallähnliches, so durchsichtig, scharfkantig, harmonisch sind diese Formen. Die deutschen Formen dagegen, soweit sie nicht im Verlaufe der Zeiten unterge= gangen sind, haben noch immer einen elastischeren Cha=

rakter. Das Innerliche herrscht bei weitem mehr vor. Das ganze Recht steht der Moral ähnlicher, und der Gegensatz zwischen materiellem und formellem Rechte ist weniger scharf getrennt. Auch diese Innerlichkeit ᵒdes deutschen Rechtes hat wieder ihre großen Gefahren. Sie droht überzufließen in eine weiche, vage, alles Haltes und aller Sicherheit entbehrende Billigkeit; wie denn auch der deutsche Ausdruck Billigkeit wenigstens jetzt viel unbestimmter ist als das römische Wort Aequitas. Aber sie hat auch wieder herrliche Vorzüge, die sich so leicht nicht hergeben lassen für römische Formen, gesetzt auch, es wäre möglich, solche von Oben oder Unten her einzuführen. Sie gehört mit zu der Gemüthlichkeit, die sich auch sonst im deutschen Volksleben vielfach äußert, und ist ein Ausfluß jenes Seelenlebens, das zum besten Sein des deutschen Volkes gehört. Wer sich umsieht in den Sammlungen aus dem deutschen Volksleben entsprungener Rechtsdenkmäler, der wird sich leicht davon überzeugen. Er wird zwar öfter jene Schärfe der Begriffe, jene Consequenz, die sich gewisser Maßen berechnen läßt, vermissen; aber er wird dort einen reichen Ersatz dafür finden in dem sorgsamen, wohlwollenden Sinne, in der Milde, welche nicht einer kalten Logik zu Gefallen — fiat justitia, pereat mundus — äußerste Härte ist, in dem Gelten= und Gewährenlassen je des Andern, in der freien Mannigfaltigkeit, welche zuweilen gewürzt ist mit der munteren Laune eines frischen Selbstgefühls.

Diese Innerlichkeit des deutschen Rechtes hat aber noch eine andere sehr beachtenswerthe Bedeutung. Das römische Recht lernte sich mit dem Geiste des Christenthums erst vertragen, als es selber unterging; durchdrungen von diesem

Geiste war es nie. Das deutsche Recht dagegen war schon
in seiner ursprünglichen Anlage empfänglicher für die Ideen
des Christenthums, verwandter mit dessen Lehren! Und die
ganze Rechtsentwicklung des Mittelalters wurde von christ-
lichem Geiste durchzogen. Es gilt das keineswegs nur von
dem kanonischen Rechte, dessen eigene Ausbildung und
dessen Einwirkung auf die übrigen Rechte*) nicht anders
als wesentlich christlich sein konnte. Es gilt auch von dem
deutschen Rechte insbesondere. Die beiden wichtigsten
deutschen Rechtsbücher des Mittelalters, der Sachsen- und
der Schwabenspiegel, voraus aber der letztere — sind vielfach erwärmt und erleuchtet von christlichen Vorstellungen.
So ist das Christenthum schon frühzeitig zu einem unzer-
störlichen, fortwirkenden Lebenselemente des deutschen Rechtes geworden. Läßt sich nicht an diese Betrachtung die
Hoffnung knüpfen, daß die Wiederbelebung des deutschen
Rechtes auch in der Zukunft zu einer vollkommneren Harmonie zwischen dem religiösen Bewußtsein und den recht-
lichen Ansichten des Volkes führen werde?**)

---

*) Daß das kanonische Recht auch in gewissem Sinne römisches
und deutsches Recht vermittelt hat, ist von Zöpfl angedeutet in der
Zeitschrift für deutsches Recht. IV. S. 113 ff.

**) Anmerkung zur zweiten Auflage. Man kann die Har-
monie von Religion und Recht für wünschbar erklären und dennoch die
Vermischung der beiden Dinge für verwerflich halten. Daß die Religion
verdorben würde, wenn sie in die äußerliche und starre Form eines
Rechtssystems gegossen und in dieser Gestalt verhärtet wird, das zeigt die
Geschichte der Hierarchie in allen Zeiten. Aber auch das Recht wird
krank, wenn es unter den Einfluß der Theologie geräth oder von einer theo-
logisirenden Jurisprudenz geleitet wird. Theils verliert es die nöthige
Schärfe und Klarheit, theils büßt es seinen menschlichen und weltlichen
Charakter ein und sowohl die Rechtssicherheit als die Freiheit persönlich
kommen dabei zu Schaden.

VI

Der Streit der deutschen und der romanisirenden Schule.

Hat so das deutsche Recht einen edeln, dem Geiste des deutschen Volkes entsprechenden Stoff in sich, und ist derselbe einer höhern sittlichen Ausbildung vollkommen fähig, so mag man billig fragen: Wie war es denn möglich, daß ein fremdes Recht die deutsche Nation unterwarf und Jahrhunderte hindurch beherrschte, das einheimische, nationale Recht mit Gewalt zurückdrängend? Eine vollständige Beantwortung dieser Frage, die nicht bloß im Großen einzelne Gründe anführte, sondern im Detail den allmäligen Fortschritt des römischen Rechtes in seiner modernen Usurpation genau nachwiese, wäre die beste Vorarbeit, um den Druck, unter dem allerdings der gegenwärtige Rechtszustand schmachtet, zu heben und dem einheimischen Rechte zur Befreiung zu verhelfen.

Wir berühren die Frage hier nur insoweit, als sie uns auf den rechten Gesichtspunkt hinweist, aus dem der neue Streit zwischen einer deutschen und einer romanisirenden Schule sich begreifen läßt. Gewiß war es nicht ein Werk des Zufalls noch der Willkür, daß das römische Recht überging auf die moderne Welt als ein gemeines Recht. Der

welthistorische Charakter desselben befähigte es innerlich zu
solcher Herrschaft, und wahre Bedürfnisse des feiner ausge-
bildeten Lebens, die ganze Culturgeschichte der neuern Zeit
weckte die Empfänglichkeit für diese Herrschaft in den
Völkern und ihren Führern. Es gehört auch zu der welt-
historischen Bedeutung der neuern Welt, daß sie ihre Cultur nicht nur bei sich selber holt, sondern vielfach Eindrücke
und Erzeugnisse von der alten Welt empfängt. So wenig
daher das römische Recht durch irgend einen plötzlichen Act
der Gesetzgebung eingeführt wurde, so wenig kann es durch
einen plötzlichen Act der Gesetzgebung beseitigt werden.
Die mehrhundertjährige Herrschaft desselben hat das ganze,
auch das moderne Rechtsleben vielfältig angeregt, befruchtet
und gestaltet, und es wird das römische Element auch in
der Zukunft fortwährend ein wesentliches Element aller weitern Rechtsentwicklung bleiben.

Auf der andern Seite aber läßt sich auch nicht läugnen, daß diese Einführung des römischen Rechtes nicht frei
ist von Schuld, von schwerer Schuld der gelehrten Juristen. Und es werden noch lange die Nachkommen die
Folgen dieser Schuld zu empfinden haben.

Auch das ist charakteristisch für das neue Europa,
daß die Wissenschaft in ihm ein viel bedeutenderes Le-
benselement bildet, als im Alterthum, namentlich die historische Wissenschaft. Es kann das nicht anders sein, eben
weil die neue Welt ihre Cultur großentheils in Religion, Recht und Kunst überliefert erhalten hat von
dem Alterthume. Sie wird daher schon durch ihre ganze
Stellung in der Weltgeschichte darauf hingewiesen, auch das
Alterthum näher kennen zu lernen, das so sehr einwirkt auf

alle neuere Gestaltung. So schloß sich auch die erste wissen=
schaftliche Auffassung des Rechtes an das römische Recht
an, wie dasselbe überliefert war in den Rechtsbüchern Ju=
stinian's. Da öffnete sich ein reicher Schatz wissenschaft=
licher, verarbeiteter Rechtsgedanken. Und wer kann sich
darüber wundern, daß das glänzende Licht der neu auf=
gehenden Sonne die Köpfe der damals studirenden Männer
erwärmte und erleuchtete, aber zugleich auch blendete? Wer
es heut zu Tage sieht, wie junge Leute, nachdem sie auf
der Universität eingeführt worden sind in irgend ein conse=
quentes, abgeschlossenes und scheinbar Alles umfassendes
System einer neuern Philosophie, dann in's Leben über=
treten, voll Glaubens an die absolute Wahrheit ihres
Wissens und voll Zuversicht auf die Anwendbarkeit des Er=
lernten, wie sie dann häufig mit vornehmer Verachtung her=
absehen auf die Beschränktheit derer, welche das Hergebrachte
nicht sofort der neuen Lehre Preis geben wollen — und
wer sollte dergleichen nicht schon oft gesehen haben —: für
den kann es nicht befremdend sein, wenn er in älterer Zeit
wahrnimmt, daß das römische Recht überschätzt oder viel=
mehr allein geschätzt wurde und daß eine Menge begeisterter,
Anhänger und Verehrer desselben Alles daran wendeten,
demselben Ansehen und Geltung zu verschaffen, selbst da, wo
das einheimische Recht zerstört werden mußte, um jenem
Zutritt zu verschaffen. Es mußte diese Erscheinung um so
allgemeiner sein, als es damals nur Ein wissenschaftlich be=
handeltes Recht gab, nur das römische, so daß Liebe zur
Wissenschaft auf dem Gebiete des Rechtes immer die
Richtung zum römischen Rechte nahm, das deutsche
Recht aber unter den Wissenschaftlichen verrufen war als

ein uncultivirtes, barbarisches Recht. Und außerdem hatte damals das wissenschaftliche Element den Reiz der Neuheit und die frische Kraft eines jugendlichen Lebens für sich und wurde durch beide wesentlich gefördert.

Der Kampf zwischen den wissenschaftlichen Jün= gern des römischen Rechtes und den unwissen= schaftlichen deutschen Schöffen war zu ungleich. Jenen gab gerade ihre wissenschaftliche Bildung und die Fähigkeit, Rechtsbegriffe klar darzustellen und durchzuführen, eine Ueberlegenheit, vor welcher die Treue am Herkömmli= chen verstummen mußte. In den Gerichten und Räthen erhielten die Doctores Juris, allem heimlichen und offenen Widerwillen zum Troß, doch entscheidenden Einfluß. Und sie verfolgten ihren Sieg immer weiter. Besonders seit dem Anfange des 16. Jahrhunderts ward das Corpus Ju= ris immer mehr als stehende Gesetzgebung anerkannt. Aber während die formelle Herrschaft des römischen Rechtes be= festigt und erweitert wurde, verlor sich allmälig die Frische und Regsamkeit der frühern Bestrebungen. Die Rechts= wissenschaft hatte das lebendige Recht, welches in der Fa= milie und in vielen andern Instituten doch fortlebte und sich stets verjüngte, verachtend von sich gestoßen und aus= schließlich sich dem Studium eines aus dem Alterthume überlieferten Rechtes hingegeben. Zur Strafe dafür verlor sie selber an innerer Lebendigkeit, und verhärtete sich immer mehr zu gedankenloser, aber practisch bequemer Anwendung todter Gesetze und abstracter Sätze. Unerträglicher Forma= lismus, Pedanterie, Geschmacklosigkeit, knechtische Unterwür= figkeit unter das römische Recht, welches man mehr noch aus überlieferten Theoricen als aus eigenem Quellenstudium

kannte, und scholastisches Wesen sind auch charakteristische
Merkmale der römischen Jurisprudenz während der letzten
Jahrhunderte, zumal in Deutschland.

Seither hat sich nun freilich dies geändert. Zugleich
aber ist auch das so lange verachtete und schmählich miß=
handelte deutsche Recht wieder zu Ehren gekommen und
ebenfalls einer wissenschaftlichen Bearbeitung gewürdigt
worden. In unsern Tagen erst schließt sich allmälig der
große innere Reichthum des deutschen Rechtes wieder auf,
und die Ansprüche, welche es auf Anerkennung macht, wach=
sen mit der Erkenntniß seines Werthes. Diese wissen=
schaftliche Behandlung des deutschen Rechtes ist
aber erst möglich geworden, seitdem die Germanisten bei
den römischen Juristen in die Schule gegangen sind. Auch
hier mußte erst die Cultur der alten Welt übergehen auf
die Jüngern. Durchzogen und gestärkt von ihr wurden sie
fähig, das einheimische Recht ebenfalls zu verarbeiten. Und
nur auf diesem Wege wissenschaftlicher Forschungen wird es
wieder möglich, das römische Element in die naturgemäßen
Grenzen zurückzuweisen, welche es durch die einseitige Verblen=
blendung und den Uebermuth seiner wissenschaftlichen Ver=
treter überschritten hatte. So lange man sich nur auf die
alten treuherzigen Schöffen beruft und meint, jetzt würden
ähnliche Männer aus dem Volke wie damals mit bloßem
gesunden Verstande und Anhänglichkeit an den nationalen
Charakter der Deutschen Großes zu Wege bringen und den
Sieg erkämpfen: so lange kommt bei einer solchen Erneu=
erung des Kampfes nichts heraus, als neue Niederlagen
für die Reste des deutschen Rechtes. Wir haben ja gesehen,
wie unter viel günstigeren äußeren Verhältnissen diese zahl=

reichen Repräsentanten des deutschen Rechtes von wenigen gelehrten Doctoren des römischen Rechtes überwunden und das deutsche Recht geknechtet worden ist. Wie sollten sie denn jetzt die Fähigkeit haben, das feste Regiment der römischen Juristen zu erschüttern? Wie dieses vorzüglich auf dem Wege der Wissenschaft seine Eroberungen gemacht hat, so kann es wesentlich auch nur von der Wissenschaft wieder überwunden, in angemessene Schranken zurückgenöthigt werden.

Es ist das freilich ein langsamer, aber ein sicherer Weg. Hat man erst einmal auf die Eitelkeit verzichtet, daß die Gegenwart, in der man gerade lebt, berufen und fähig sei, schnell die höchste Vollendung zu erreichen und fertig hinzustellen, sobald sie geahnet oder gedacht ist, und hat man sich davon überzeugt, daß Resultate in dem Völkerleben, an denen Jahrhunderte gearbeitet haben, nicht in einigen Jahrzehnden vollständig beseitigt und gänzlich umgestaltet werden können: so wird man auch ohnehin nicht ungeneigt sein, den übrigen aus den besondern Verhältnissen unseres Rechtszustandes und der Rechtswissenschaft hergenommenen Gründen Gehör zu geben, und man wird aufhören, von irgend einer plötzlichen Maßregel alles Heil zu erwarten.

Einen Kampf aber wird und muß es geben zwischen der deutschen und der römischen Richtung in unserer Wissenschaft. Es wäre thöricht, zu meinen, daß die Juristen, welche vorzugsweise das römische Recht betrieben und lieb gewonnen haben, so bald dem auch oft unverdauten und ungestümen Begehren der Verehrer des deutschen Rechtes nachgeben werden; ja es ist vorauszusehen und liegt theilweise schon vor, daß viele unter ihnen abgeneigt sind und sein werden, auch nur die wahren und zeitgemäßen Bestrebungen der letztern anzuerkennen. Sie werden vielmehr mit Mißtrauen auf die Erweiterung des deutschen gemeinen Rechtes hinsehen und die ausschließliche Herrschaft des römischen Rechtes Schritt für Schritt vertheidigen. Sie werden sich auf die Sicherheit des geschriebenen Wortes steifen und diese nicht fahren lassen wollen. Gerade das aber ist gut und heilsam. Denn für's Erste gibt es gegenwärtig nur sehr wenig rein deutsches Recht. Fast alle Rechtsinstitute des deutschen Rechtes haben in sich römische Bestandtheile aufgenommen, die damit verwachsen sind und nicht losgetrennt werden können. Die Theorie auch des deutschen Rechtes ist bereichert und befruchtet von römischen Theorieen. Daher lohnt es sich wohl der Mühe, mehrmals zu erwägen und auch vom römischen Standpunkte aus zu prüfen, bevor man aus nationalem und antirömischem Eifer ungeschickt einschneidet in das bestehende Recht. Bloße neue Einfälle ohne innere Wahrheit, Uebertreibungen, Verkehrtheiten aller Art werden in solchem Kampfe um so eher beseitigt und der ganze Streit wird auch auf Seite des deutschen Rechtes ernster und umsichtiger geführt.

Dann aber, was die Hauptsache ist: Die Einheit des gemeinen Rechtes beruht gegenwärtig auf der Einheit des römischen Rechtes. Das Bewußtsein der Gemeinschaft des Rechtes und das Gefühl der Sicherheit schließen sich an das römische Recht an. Und so bedarf denn auch das erst im Werden begriffene gemeine deutsche Recht, das ohnehin stark von den Particularrechten nach allen Richtungen auseinander gezogen wird, dieser Hilfe des römischen Rechtes gar sehr. Nur indem es sich an das römische Recht anlehnt und sich daran festhält, kann es zu einem wahren gemeinen Rechte erstarken und an Selbständigkeit und Bedeutung zunehmen. Darum ist es auch für das deutsche Recht unumgänglich nöthig, daß das römische noch immer als starker, fester, dem Wesen nach nicht erschütterter Bestandtheil des gemeinen Rechtes fortdaure. Und das geschieht wieder dadurch am besten, daß dasselbe entschiedene, wenn auch einseitige Vertheidiger findet, welche stark genug sind, eine Revolution zu hindern, aber nicht stark genug, um die Zukunft zum Knechte der Vergangenheit zu machen.

Wie man nun hat meinen können, die sogenannten historischen Juristen würden diesem Streite fremd bleiben oder gar entschieden und insgesammt auf Seite des römischen Rechtes sich schaaren, begreife ich wahrlich nicht. Einzelne allerdings mögen hier einer einseitigen römischen Richtung folgen und sich verbünden mit andern unhistorischen Juristen, die auch der deutschen Entwicklung gram sind: Aber gerade die historische Einsicht in die Natur des Rechtes und in den Zusammenhang des Rechtes mit dem Leben und Verkehr des Volkes, dem dasselbe angehört, gerade die Kritik, welche wieder römisches Recht aus dem römischen, deutsches Recht aus dem deutschen Gesichtspunkte auffaßte, bereitete diesen Kampf vor und schärfte den Anhängern der deutschen Rechtsentwicklung die Waffen. Gerade die historischen Juristen werden sich freuen, hier einigen ihrer früheren Gegner freundlich zu begegnen und gemeinsam an dieser Entwicklung zu arbeiten. Darum aber ist es an der Zeit, abgethane Gegensätze nicht wiederum aufzuwärmen,

4

sondern rüstig auf das neue Ziel hin mit verjüngter Kraft anzustreben.

In dieser Hinsicht haben denn auch die modernen Gesetzgebungen eine große Bedeutung, eine formelle und eine materielle. Formell nämlich lösen sie wieder die bindende Autorität auf, welche dem Corpus Juris als einer Gesetzgebung nach und nach, wenn schon zunächst nur durch die Theorie und die von ihr bestimmte Gerichtspraxis, beigelegt wurde, und machen schon dadurch eine fortdauernde Unterdrückung des lebendigen Rechtes durch ein abgeschlossenes todtes unmöglich. Damit ist zwar der innere geistige Zusammenhang nicht zerrissen, welcher auch da, wo diese neuern Gesetzbücher gelten, den modernen Rechtszustand in hundertfältige Verbindung bringt mit dem römischen Rechte; es wäre das auch nicht gut, selbst wenn es möglich wäre. Aber es ist eben nur noch ein geistiger Zusammenhang da statt eines äußerlich bindenden und beschränkenden Gebotes, welches unveränderlich und unbeweglich neues Leben hemmt. Materiell aber haben diese Gesetzgebungen — wir dürfen selbst den Code Napoleon nicht ausschließen — oft wieder im Gegensatze zu dem römischen Rechte manchen Lebensprincipien des deutschen Rechtes, wenn schon in unvollkommener Weise und gar nicht immer mit klarem Bewußtsein, von neuem Schutz und die Möglichkeit verliehen, von diesem festen Boden aus sich wieder geltend zu machen und auszudehnen.*)

Mit Vorbedacht habe ich den Gegensatz zwischen deutschem und römischem Rechte und den begonnenen Streit der

---

*) Vgl. Gaupp in der Zeitschrift f. b. R. I. S. 88.

Schulen besonders hervorgehoben. Das deutsche Recht bedarf — nachdem es drei Jahrhunderte lang verschmäht und
unterdrückt gewesen — wieder einer warmen Fürsprache*)
und eifriger Vertreter. Noch immer ringt es um Anerkennung im eigenen Vaterlande, dem es entsprossen ist, dessen
Sprache es redet, dessen Geist in ihm webt, dem es seine
Liebe weiht, das aber das eigene Kind stiefmütterlich zu-
rücksetzt.

Dabei fühle ich indessen wohl: Leicht knüpfen sich an
das Gesagte neue Mißverständnisse an, die ich zu vermeiden
wünsche. Und so mag denn hier die geeignete Stelle sich
finden, um eine mildernde und vorbeugende Bemerkung bei-
zufügen.

Das römische Recht wird seinen doppelten Werth auch
für die Zukunft beibehalten, fürs erste als ein wesentliches Element des modernen Rechtsstoffes, da-
neben als ein ausgezeichnetes wissenschaftliches Bil-
dungsmittel für die Juristen. Es wird daher unter den
Disciplinen unserer Rechtsschulen fortwährend einen hohen
Rang einnehmen. Und Gelehrte, welche vorzugsweise auch
diese Disciplin cultiviren, können eben dadurch um unsere
Rechtswissenschaft sich die größten Verdienste erwerben. Es
wäre verderblich und bei dem gegenwärtigen Zustande der
deutschen Rechtswissenschaft geradezu eine lächerliche An-
maßung der Germanisten, wenn sie — voll Selbstgefälligkeit
ihre eigenen Studien überschätzend — eine tüchtige Bearbeitung römisch-rechtlicher Lehren verschmähen wollten. Aber

---

*) Seither hat es eine solche erhalten auch von Wilda in der
Zeitschrift f. d. R. I. S. 167.

4*

die Anforderung darf man an die Lehrer des römischen
Rechtes stellen, daß, wenn sie römisches Recht behandeln,
sie auch der Schranken seiner Herrschaft bewußter werden,
und insbesondere die Ergänzung, welche dasselbe in einem
fortschreitenden, lebendigen, einheimischen Rechtselemente
findet, mehr als bisher anerkennen, daß sie, was eben seines bloß römisch-individuellen Charakters wegen abgestorben
ist oder, was nach und nach absterben wird und muß, da
das deutsche Element, zugleich mit den sich verändernden
geistigen Zuständen der großen Nation, fortwächst, auch
allmälig zur Seite legen.*) Widerstreben die Romanisten
dieser gerechten Anforderung aus Grundsätzen oder aus ge-

---

*) In dieser Beziehung verdient eine Aeußerung Savigny's in
der Vorrede zu seinem System des heutigen Römischen Rechtes Bd. I.
S. XV. den Dank auch der Germanisten, zumal er dieselbe sofort durch
die That bewährt hat: und es ist dieß ein neuer Beweis für die oben
schon ausgeführte Behauptung, daß die im Irrthume sind, welche ihm
voraus eine verkehrte und übermäßige Vorliebe für das römische Recht
Schuld gaben: „In besonderer Anwendung auf das Römische Recht",
sagt Savigny, „geht die geschichtliche Ansicht nicht, wie von Vielen behauptet wird, darauf aus, demselben eine ungebührliche Herrschaft über
uns zuzuwenden; vielmehr will sie zunächst in der ganzen Masse unsers
Rechtszustandes dasjenige auffinden und festhalten, was in der That Römischen Ursprungs ist, damit wir nicht bewußtlos davon beherrscht werden: dann aber strebt sie, in dem Umkreis dieser Römischen Elemente
unsers Rechtsbewußtseins dasjenige auszuscheiden, was davon in der
That abgestorben ist und nur durch unser Mißverständniß ein störendes
Scheinleben fortführt, damit für die Entwicklung und heilsame Einwirkung der noch lebendigen Theile jener Römischen Elemente um so freierer
Raum gewonnen werde. Das vorliegende Werk insbesondere geht so
wenig darauf aus, dem Römischen Rechte eine übermäßige Herrschaft zuzuwenden, daß es vielmehr die Anwendbarkeit desselben in nicht wenigen
Rechtslehren bestreitet, worin sie bisher allgemein angenommen wurden,
selbst von Solchen, die sich stets für Gegner der historischen Schule erklärt haben."

dankenloser Bequemlichkeit, und verharren sie so in jener exclusiven, einseitigen Richtung, welche wir eben deßhalb als eine romanisirende bezeichnen, hemmen sie, so viel es an ihnen liegt, das werdende Recht, so werden sie auch dem Geschicke derer verfallen, die für das Todte gegen das Lebendige streiten.

VII.

Oeffentliches Recht.

Auf dem Gebiete des Privatrechts ist nunmehr die historische Richtung so vollständig anerkannt, daß dieselbe nicht mehr einer einzelnen Schule angehört. Was so in das allgemeine Bewußtsein der ganzen Wissenschaft aufgenommen ist, bedarf dort einer besondern Stellvertretung durch Einzelne nicht mehr. Von dem öffentlichen Rechte können wir aber noch nicht das Nämliche sagen. Und eben darum muß der Kampf, der im Privatrechte zu Ende geführt ist, hier nochmals aufgenommen und mit Ernst und Entschiedenheit durchgekämpft werden.

In einzelnen Partien des öffentlichen Rechtes freilich, namentlich im Processe, weniger schon im Criminalrechte, ist von dem historischen Gesichtspunkte aus die Wissenschaft in neuerer Zeit fruchtbar berührt worden. Aber selbst da sind wir nicht viel über die ersten Anfänge hinausgelangt und es bleibt noch Vieles zu thun, bevor diese Richtung auch nur zu gehöriger Anerkennung gekommen sein wird. Am meisten aber bedarf das Staatsrecht, die Politik einer totalen Umarbeitung im Sinne der historischen Schule. Zwar gibt es auch da bereits tüchtige Vorarbeiten, die bewiesen haben, wie bedeutende Resultate auf

diesem Wege zu finden sind. Aber es sind das nur noch
vereinzelte Lichtstrahlen, welche auf den kommenden Tag
hindeuten, Lichtstrahlen, welche einige Höhepunkte treffen
und die Bergspitzen mit graulichem Schimmer bestrahlen,
aber die Tiefen noch nicht erhellen, in denen der düstere
Nebel verbreitet liegt, sie umhüllend und auch die Berge
rings umspinnend.

Besonders seit dem vorigen Jahrhundert haben sich
abstracte Vorstellungen von dem Staate, von den verschie=
denen Gewalten im Staate, von den Rechten der Staats=
bürger u. s. f. verbreitet in mannigfaltigen, oft entgegen=
gesetzten Systemen. Die Theorie vom Staate hatte sich
gewöhnlich nur nothgedrungen um die bestehenden Staaten
bekümmert und meistens gerade im Gegensatze zu diesen sich
ausgebildet. Aus sogenannten reinen Vernunftprincipien
construirten sie den Staat, und die Phantasie half nach,
diesen erdachten Staat zum vollkommenen Staate zu er=
heben. Diesen Zustand charakterisirt Hegel*) trefflich mit
den Worten:

„Wenn man diese Vorstellung und das ihr gemäße
Treiben sieht, so sollte man meinen, als ob noch kein Staat
und Staatsverfassung in der Welt gewesen, noch gegenwär=
tig vorhanden sei, sondern als ob man jetzt — und dies
Jetzt dauert immer fort — ganz von vorn anzufangen und
die sittliche Welt nur auf ein solches jetziges Ausdehnen
und Ergründen und Begründen gewartet habe.“

Die Theorie, welche der subjectiven Eitelkeit ihrer Be=
kenner sehr schmeichelte und ihnen das erhabene Gefühl

---

*) Grundlinien der Philosophie des Rechtes. S. 7.

großer umfassender Pläne beibrachte, wagte es, in's practische Leben überzutreten. Es erstanden Staatskünstler in
großer Zahl, welche voll Zuversicht auf die Untrüglichkeit
ihrer Meinungen sich vermaßen, Staaten und Verfas-
sungen in der Wirklichkeit zu machen, wie sie solche zu-
vor in ihrem Gehirne construirt hatten. Sie unterschieden
sich in Neigungen und Bestrebungen. Aber sie waren einig
in dem Glauben an die absolute Wahrheit ihrer Theorien
und an die Trefflichkeit ihrer Experimente. Die öffentliche
Meinung folgte dem Impulse der Wissenschaft. Von ihr,
die so keck und sicher auftrat, hoffte man Hilfe für alle
fühlbaren Beschwerden, an denen die alten europäischen Zustände so reich waren.

Seither hat Europa die Schrecken der Anarchie und
den Druck des Despotismus erfahren und ist etwas un-
gläubiger geworden für die Verheißungen der abstracten
Theoretiker und Staatskünstler. Die alte Theorie ist wissenschaftlich erschüttert und hat ihre frühere Zuversicht zum
Theil verloren. Im Bewußtsein dieser Irrthümer—ist in der
neuern Zeit die Speculation selbst positiver, concreter
geworden. Desto auffallender ist es, daß die von jeher positive
Staatslehre so weit hinter den Anforderungen der Zeit
zurückgeblieben ist und sich immer noch nicht losmachen kann
von jenen abstracten Theorien. Vergeblich hat die neuere
Philosophie das Bedürfniß historischer Erforschung des
Staatslebens tief empfunden und ausgesprochen. Es wird
ihr immer noch nur ein ärmliches Material dargeboten.
Vergeblich hat auch die allgemeine Geschichte selbst — bei
den Deutschen besonders seit Niebuhr — Treffliches geleistet in der Ergründung und lebendigen Darstellung po-

sitiver Staatszustände. Die eigentlichen Staatsrechtsleh=
rer, nur wenige ausgenommen — unter diesen leuchtet
Dahlmann hervor — hörten doch wenig auf jene Re=
den der Philosophen und sahen wenig auf die Vorbilder
der Historiker. Das Positive in ihren Lehren war gro=
ßen Theils der Niederschlag eines zähen, unverdaulichen
Notizenwesens, und der Rest war gewöhnlich aufgelöst
und verdünnt in dem Gewässer einer breiten abstrac=
ten Rednerei naturrechtlicher Scholastik. Trotz aller ver=
unglückten Versuche, trotz dem, daß Regenten und Unter=
thanen von dem Geiste der Geschichte, in dem auch die
göttliche Weltleitung sich äußert, kräftig gemahnt wurden,
finden die Irrlehren der veralteten Theorieen vielleicht bei
der Mehrzahl der Denkenden noch immer geneigtes Gehör.
Und wenn sie auch im Ganzen jetzt zugeben, daß man den
Staat nicht beliebig machen könne, so fallen sie doch im
Einzelnen hundertfältig in den gleichen Irrthum, und die
Einsicht in das Leben und das Werden des positiven Staa=
tes ist ihnen verschlossen.

Hier nun kann man nicht mit halbem Wesen helfen.
Je allgemeiner noch immer die entgegengesetzte Theorie ver=
breitet ist, je einseitiger und ausschließlicher die alte und
veraltete Richtung gerade hier vornehmlich sich geberdet,
desto nothwendiger ist es, daß die historische Auffassung zu=
nächst scharf ausgesprochen werde und für's Erste auch ein=
seitig und schroff auftrete. Wir haben einen solchen Reich=
thum an abstracten Theorieen vom besten Staate, daß es
ein wahres Bedürfniß ist, einmal eine durch und durch
historische Darstellung des positiven Staatslebens, so weit
dasselbe in's Rechtsgebiet gehört, zu erlangen. Wie es dem

Seefahrer zu Muthe wird, wenn er nach langer Fahrt auf
der gleichförmigen, flachen und oft neblichen See endlich
wieder das feste Land betritt und sich der mannigfaltigen
Bildungen und Erzeugnisse des Bodens erfreuen kann, so
wird es auch den Staatsrechtslehrern werden, wenn sie einmal
wieder sich loswinden von der Herrschaft jener naturrechtlichen Systeme und wieder die wirklichen Staaten in ihrer
positiven Gestaltung und Entwicklung anschaulich vor ihr
geistiges Auge treten lassen. Hinterdrein dann, wenn von
dieser Richtung aus, wie das im Privatrechte früher geschehen ist, so wesentliche Leistungen gemacht sind, daß auch
die Verstockten die Bedeutung des historischen Staatsrechtes
und der historischen Politik nicht mehr läugnen können:
dann erst wird es Zeit sein, auch hier die schroffe Stellung
der Schule aufzugeben. Inzwischen aber dient es zur Er-
weckung und Belebung des Kampfes und zur Förderung
geistiger Thätigkeit, wenn man hier noch eine Zeit lang
von einer historischen Schule redet.*)

Voraus aber hüte man sich vor leeren Phrasen, die
wir besonders auch auf dem Felde einer sogenannten historischen Politik so häufig vernommen haben. Es genügt

---

*) Anmerkung zur zweiten Auflage. In solcher Absicht hatte
ich später in Zürich und in München Vorträge über allgemeines Staatsrecht auf historischer Grundlage ausgearbeitet und die erste Auflage meines Buches über „allgemeines Staatsrecht" vom Jahre 1852 noch auf
dem Titel „geschichtlich begründet" genannt. Indessen war das Buch
doch nicht blos historisch begründet und meine philosophischen Studien
hatten einen so erheblichen Antheil daran, daß ich in der zweiten Auflage
von 1857 jene einseitige Bezeichnung wegließ.' Ich konnte das um so
unbedenklicher thun, als die Verbindung der historischen mit der philosophischen Methode fast ohne Widerspruch anerkannt worden war.

nicht, von der Oberfläche zu schöpfen und in allgemeinen
Sätzen von antiken und modernen Staaten zu reden. In
derlei Sätzen ist oft nicht mehr reale Wahrheit enthalten,
als in dem Gedankenspiele der Naturrechtslehrer. Noch genügt es, zwar die Fahne historischer Politik herauszuhängen,
aber dann doch unhistorisch genug nur einzelne Richtungen
der Vorzeit oder der nächsten Vergangenheit, z. B. etwa
der römischen Republik oder des alten deutschen Reiches,
oder der Napoleonischen Herrschaft zu verehren und einseitig
anzupreisen. Die wahre historische Politik verschmäht die
Bedeutung der Vorzeit nicht. Sie ist frei von dem eiteln
Hochmuthe, der meint, ihrer entbehren zu können, und frei
von dem Wahne derer, die sich einbilden, erst mit ihnen
beginne die wahre Welt. Vielmehr weiß sie, wie auch da
die Gegenwart innerlich verbunden ist mit der Vergangenheit und wie in dieser jene großen Theils (wenn schon nicht
ausschließlich) ihre Erklärung findet. Aber auf der andern
Seite kann sie auch nicht glauben, daß die Weltgeschichte
in irgend einem Momente stille stehe und die Gegenwart
und Zukunft abgeschlossen sei in der Vergangenheit.*) Sie
will die innere Verbindung und den innern Zusammenhang
des Neuen mit dem Alten, wie sie sich in der Wirklichkeit
vorfinden, zum wissenschaftlichen Bewußtsein bringen, und
indem sie aufmerkt auf die göttlichen Ideen, die sich wie-

---

*) Anmerkung zur zweiten Auflage. Dem Credit der
historischen Juristenschule hat die Ausbeutung ihrer Lehren zu den Zwe-
cken einer unfruchtbaren Restauration und im Dienste der politischen Reaction sehr geschadet. Nichts aber widerspricht mehr der echten historischen Wissenschaft, als die Behauptung der Unveränderlichkeit des Gewordenen und die Läugnung jedes Fortschritts.

derſpiegeln in dem Verlaufe der Weltgeſchichte, und von dem Abbilde zurückſchließt auf das Urbild, ſo ſucht ſie auch der Gegenwart es klar zu machen, welche Stellung denn ſie einnehme in der großen Entwicklung. Ihr gilt der Staat nicht als eine todte Maſchine, deren Räderwerk ſich nach mechaniſchen Geſetzen gleichmäßig bewegt, ſondern ihr iſt der Staat ein lebendiges Weſen, ein Organismus, in dem ein Geiſt wohnt. Den lebendigen Staat lebendig darzuſtellen iſt ihre Aufgabe.

Um dieſes thun zu können, muß ſie vorerſt einzelne Staatsorganismen in ihrer Beſonderheit ſcharf zeichnen, das Charakteriſtiſche der einzelnen Inſtitute herausheben, ihren Entwicklungsgang durch die verſchiedenen Lebensperioden der Völker verfolgen, ihre Beziehungen zum Leben und ihre Wirkſamkeit darſtellen, die Zuſtände verſchiedener Zeiten und Völker vergleichen, das Gemeinſame feſthalten, das Verſchiedene trennen. Es kann nicht fehlen, die Reſultate, welche in ſo unbebauten Gruben zu gewinnen ſind, werden durch ihren Reichthum überraſchen, den Suchenden belohnen und den Geſichtskreis der Wiſſenſchaft bedeutend erweitern. Geſunder Sinn wird hier vor kleinlicher Antiquitätenkrämerei ſowohl, als vor gewagter Hypotheſenſpinnerei gleichmäßig wahren; und geſetzt auch, wir würden hier ſolche Schiefheiten mit in den Kauf nehmen müſſen, wie wir andersmo auch deren bekommen haben: ſo iſt das Uebel doch ſo groß nicht; denn einmal wird unbrauchbarer Antiquitätenmoder von ſelber verfallen, gar Vieles aber, woraus das ungeübte Auge keinen Gewinn ziehen kann, dem tüchtigeren Denker erwünſchten Aufſchluß gewähren. So wird denn auch von der Seite her die Einſicht zunehmen in die weit-

schichtigen Acten, welche die Weltgeschichte angehäuft hat
für das Weltgericht.

Wie sehr aber es im höchsten practischen Interesse der
Gegenwart liegt, mehr, als es bisher geschah, die historische
Seite des politischen Wissens zu pflegen, ist Jedem einleuch=
tend, der auch nur einigermaßen die bestehenden Zustände
kennt. Wie viele Unzufriedenheit kommt bloß daher, daß
die rechte Bedeutung des Bestehenden nicht mehr gekannt
wird! Wie viele unreife Verbesserungspläne verdanken ihre
Entstehung abstracten Theorien, deren Leerheit und Unaus=
führbarkeit die Geschichte am klarsten zeigt! Aber nicht bloß
die Lust der Umwälzung von Unten herauf, sondern auch
die Neigung der von Oben her drückenden Willkür finden
in der historischen Wissenschaft einen entschlossenen Gegner
und in dem historischen Rechte eine feste Schranke. Von
jeher haben sich deshalb sowohl Revolutionäre als Despoten
am liebsten angeschlossen an naturrechtliche Theorien, die
einen in diesem, die andern im entgegengesetztem Sinne;
und eben deshalb haben beide das bestehende Recht, die ei=
nen der Obrigkeit, die andern der Unterthanen wenig ge=
achtet, sondern sind darüber hereingebrochen und haben es
mit Füßen getreten. Der historischen Wissenschaft kommt
es zu, das Bewußtsein des positiven Rechtes von Neuem zu
beleben und damit auch die Sicherheit jedes Einzelnen in
seiner Rechtssphäre zu stärken.

VIII.

Die philosophische Schule.

Seit Gans vornehmlich pflegt man wieder von einer philosophischen Rechtschule zu reden, und dieser dann eine nichtphilosophische in ähnlicher Weise entgegenzusetzen, wie früher die historische Schule einer nichthistorischen entgegengestellt wurde. Gans selbst ging noch weiter und bezeichnete geradezu die historische Schule als eine nichtphilosophische. Das wäre denn freilich der schärfste Gegensatz der Schulen, von denen die eine die andere negiren würde.

Nun ist es allerdings wahr: es gibt einzelne Juristen, welche den Werth der Speculation und Philosophie geradezu bestreiten. Es gibt einzelne Juristen, denen der Sinn für höhere Ideen, welche sich oft noch nicht, oft nur sehr unvollständig in den bisherigen Erscheinungen des äußeren Lebens verwirklicht haben, verschlossen ist. Einige von diesen mögen sich im Uebrigen zur historischen Schule rechnen, andere mögen in einer überlieferten starren Praxis sich eingewohnt und festgerannt haben. Die historische Schule als solche ist doch nie in solche Verkehrtheit hineingerathen, selbst damals nicht, als sie in der ersten Zeit ihres Aufkommens im Gefühle jugendlicher Kraft zur Ueberschätzung ihres Werthes geneigt sein konnte.

Nur Zweierlei muß hier zugegeben werden. Einmal: die historische Schule sah allerdings etwas ungläubig und zuweilen auch verachtend herab auf die naturrechtlichen Systeme der früheren Zeit, welche Quacksalbern ähnlich, die lauter Universalmittel haben für alle denkbaren Krankheiten, so auch lauter Universalgebote für alle Völker und alle Zeiten verkündeten. Sie traute dieser Ruhmrednerei*) nicht, und überzeugte sich bald, daß viel sogenanntes Naturrecht nur so entstanden sei, daß man römisches Recht sammt allen Mißverständnissen und Irrthümern der modernen Theorie zu Grunde legte, das Eigenthümliche daran möglichst ausschied und das zurückbleibende Residuum gehörig verwässerte.

---

*) Vortrefflich hat de Maistre dieselbe persiflirt in der von Laboulaye histoire du droit de propriété foncière en occident S. 19 mitgetheilten Stelle: „La constitution de 1795, tout, comme ses aînées, est faite pour l'homme. Or il n' y a point d'hommes dans le monde. J'ai vu dans ma vie des Français, des Italiens, des Russes etc.; je sais même, grâce à Montesquieu, qu' on peut être Persan: mais quant à l'homme, je déclare, ne l'avoir rencontré de ma vie; s'il existe, c'est bien à mon insu. — Une constitution qui est faite pour toutes les nations n'est faite pour aucune: c'est une pure abstraction; une oeuvre scolastique faite pour exercer l'esprit d'après une hypothèse idéale, et qu'il faut adresser à l'homme dans les espaces imaginaires où il habite." Und doch liegt auch in diesem gerügten Irrthum eine — freilich durch denselben entstellte — Wahrheit verborgen. Zusatz zur zweiten Auflage. Die triviale Wahrheit nämlich, daß die Franzosen, Italiener, Russen und Perser doch sämmtlich Menschen sind. Würde die Wissenschaft die Eine und gemeinsame Unterlage aller Nationalitäten, die Menschennatur nicht vorerst erkennen, so würde sie die blos modificirte Volksnatur niemals verstehen und niemals richtig beurtheilen können.

Mit dem natürlichen römischen Rechte besser vertraut, verschmähte sie jenen saftlosen Brei. Und je mehr sie hinwieder auch andere Rechte, insbesondere das deutsche Recht kennen lernte, welches sich von dem römischen unterschied und doch nicht unvernünftig war, desto weniger konnte sie sich auch mit dem Gedanken befreunden, daß das römische Recht eine ratio scripta sei.

Dann ist es überdem nicht zu bestreiten: die historische Schule ließ eine Zeit lang die philosophische Richtung unbebaut zur Seite liegen. Die früheren Erfolge der Tendenz, auf philosophischem Wege die Einsicht in das Recht zu fördern, konnten nicht befriedigen. — Ganz paßte auf jenen Zustand das Göthische Wort:

Ein Kerl, der speculirt,
Ist wie ein Thier auf dürrer Heide,
Vom bösen Geist im Kreis herumgeführt,
Und rings umher liegt schöne, grüne Weide.

War es auffallend, daß sich jüngere rüstige Geister von der dürren Heide des Naturrechtes dem grünen Anger der einzelnen positiven Rechte zuwendeten! Hier fanden sie reiches Leben, einen gewaltigen Stoff mannigfaltiger wirklicher Erscheinungen. So ließen die Anhänger jener Schule einstweilen die Frage des Rechtes auf sich beruhen und faßten die positiven Rechte desto schärfer in's Auge. Sie vermieden es, sich in die Streitigkeiten über jenes zu mischen, und fanden genug Arbeit in der erneuerten lebendigen Behandlung dieser. So verhielt sich die geschichtliche Schule allerdings erst nicht negirend, wohl aber gleichgültig und theilnahmlos gegenüber der philosophischen Rechtswissenschaft.

Das konnte aber so nicht bleiben. Als die historische
Einsicht in das Rechtsleben fortschritt und die Forschung
sich der neueren Zeit näherte, da mußte sie besonders in
der modernen Rechtsentwicklung vielfältig auf einen practischen Einfluß der Philosophie auf die jeweilige
Rechtsbildung kommen. Ueberall zeigte sich dieser, im
öffentlichen und im Privatrechte. Zwar konnte man es nicht
verkennen, daß das moderne Privatrecht allerdings auf römischem und auf deutschem Rechte und der Verbindung beider
beruhe, aber zugleich ergab sich als drittes Element
(um von dem kanonischen Rechte abzusehen) der Einfluß
der Philosophie. War dieser auch zuweilen ungünstig
gewesen, und sind auch manche Lehren, wie z. B. die vom
Vertrage, durch ihn sehr verletzt worden: so hatte doch auf
der andern Seite wieder das moderne Recht an Geist gewonnen und war durch die Philosophie unverkennbar in
mancher Hinsicht gehoben worden. Ein neuer Geist gab
sich kund, und wirkte mächtig ein auf das Leben, bald zer-
störend, bald schaffend. Die Philosophie vornehmlich schwang
die Fahne des modernen Geistes, sie schärfte die Waffen
seiner Vertreter, sie erkämpfte mit ihm und für ihn thatsächliche Erfolge. So trat sie selbst in die Geschichte der
Rechtsentwicklung mitbestimmend ein. Schon deshalb konnte
die wahrhaft historische Schule auch die Bedeutung der Philosophie für das geschichtliche Recht nicht auf die Dauer
außer Acht lassen. Sie war genöthigt, auch die schöpferische
Seite des menschlichen Geistes und der menschlichen Freiheit
anzuerkennen und auf ihre Aeußerung zu horchen.*)

---

*) Schöne Bemerkungen darüber finden sich auch bei Laboulaye
in dem angeführten Werke Seite 33 ff.

Ueberdem konnte die historische Richtung hinwieder
manche mehr philosophisch gearteten und philosophisch gebildeten Köpfe nicht befriedigen. Der freilich im tieferen
Grunde nicht feindliche Gegensatz zwischen der historischen und der speculativen Richtung in den Wissenschaften
mußte in den äußern Schwankungen der Rechtswissenschaft
von Neuem stärker hervortreten. Hatte die historische Schule
erst die Philosophie vernachlässigt, so war es an der Zeit,
daß diese sich selber wieder zu ihrem Rechte verhalf.

Dieser Gegensatz, der sich schon im Alterthume von
Zeit zu Zeit wahrnehmen läßt und in der Staatslehre
von Plato und der Politik von Aristoteles deutlich
hervortritt, charakterisirt die ganze neuere Wissenschaft. Die
Einen nämlich haben vorzugsweise den Sinn und die Gabe
empfangen, die höhere Einheit im menschlichen Wissen zu
entdecken und festzuhalten, die ersten Ursachen aufzuweisen,
die göttlichen und menschlichen Ideen zu menschlichem Bewußtsein zu bringen und das Ewige, Sichgleichbleibende,
Seiende zu begreifen und darzustellen. Die Andern dagegen halten sich zunächst an die äußere Erscheinung des
realen Lebens, an das Endliche, sich Bewegende, Werdende.
Die Anschauung der positiven Gestaltungen, die aufmerksame
Prüfung und Betrachtung der Geschichte erweitern ihr
Wissen und erhellen ihre Gedanken.

Jede der beiden Richtungen hat ihre eigenthümlichen
Gefahren und ihre eigenthümlichen Vorzüge. Die große
Gefahr der einen, die wir die philosophische nennen
können, eine Gefahr, welche selbst gute Köpfe oft schon über-
wältigt hat, ist, daß sie sich leicht durch scheinbar consequente
Schlüsse verleiten lassen, leere, alles realen Kernes entbeh-

rende Formeln zu produciren, oder gar ein zwar regelmä-
ßiges, aber unhaltbares nnd unbrauchbares Phrasengewebe
auszuspinnen. Die Gefahr der anderen, historischen
Richtung ist, daß unbedachte Verehrer derselben bloße dürre
Notizen aufspeichern, und ein Beinhaus mit antiquarischen
Gerippen füllen, ohne Geist und Leben. Aber selbst diese
beiderseitigen Verirrungen enthalten regelmäßig den Keim
des Bessern. Denn der geistreiche Irrthum regt oft
wieder Andere an zu neuer Wahrheitsforschung; und
die todten materiellen Stoffsammlungen dienen
regelmäßig einem belebenden Forscher zu vielseitiger
Benutzung.

Der Gegensatz selbst aber ist ein fließender. Denn
auch der spekulative Denker bedarf der äußeren Anregung durch Erfahrung und Geschichte, um das Ideale zu
erkennen, und der historische Forscher hinwieder kann
auch die Geschichte nicht erfassen, wenn er nicht ihre höhere
Bedeutung und den geistigen dauernden Gehalt in ihr
wahrnimmt. Darum darf Keiner auf keiner Seite aus-
schließend werden. Es darf der Philosoph nicht den Historiker, noch dieser jenen verachten. Eben darum darf es
aber auch in der Rechtswissenschaft nicht eine philosophische Schule geben, welche das Dasein der historischen
Richtung in den Wissenschaften verneint, noch eine
historische Schule, welche die Philosophie bestreitet.
Vielmehr werden sich, wie denn auch fortwährend die einen
zur Wissenschaft befähigten und ihr sich widmenden Männer
vorzugsweise die eine, die andern mehr die andere Gabe
empfangen werden, die beiden Richtungen gegenseitig ehren
und anerkennen müssen. Will man diese Verschiedenheit in

der Anlage und der Richtung des wissenschaftlichen Denkens auch jetzt noch so sehr wirken lassen, daß man von einer philosophischen und einer historischen Rechtsschule spricht, so mag man dies thun. Besser aber ist es, nicht von so verschiedenen Schulen, sondern nur von so verschiedenen Richtungen zu reden, weil das Bewußtsein der Nothwendigkeit und relativen Wahrheit jeder der beiden Richtungen aufgenommen ist in das gemeinsame Bewußtsein der Wissenschaft; weil die philosophische Schule nicht mehr eine nichthistorische, noch die historische Schule eine nichtphilosophische sein will.*)

Es hat sich nämlich in der neuesten Zeit auch hier Wesentliches geändert. Während das fast überhistorische England erst in neuerer Zeit in Bentham auch den ent-

---

*) Anmerkung zur zweiten Auflage. Was hier noch als eine neue Zumuthung an die beiden Rechtsschulen ausgesprochen worden ist, konnte ich in dem Vorwort zu der im Jahre 1853 zu München gegründeten „Kritischen Ueberschau der deutschen Gesetzgebung und Rechtswissenschaft von Arndts, Bluntschli und Pözl" bereits als eine allgemein anerkannte Wahrheit aussprechen: „Während dieser Gegensatz (der historischen und philosophischen Richtung) in andern Wissenschaften noch als ein feindlicher erscheint, ist derselbe auf dem Gebiete der Rechtswissenschaft schon seit einiger Zeit zu einer friedlichen Vermittlung gelangt. Wir haben es wiederum erfahren, wie sehr der englische Kanzler Bacon auch für unsere Zeit wahr gesprochen, als er von den einseitig empirischen Juristen seiner Tage sagte: „tamquam e vinculis sermocinantur" und von den damaligen abstracten Naturrechtslehrern: „proponunt multa dictu pulcra sed ab usu remota". Wir wissen es nun, daß die Historie ohne Leben ist, wenn ihr das Wesen des inneren Geistes verschlossen bleibt, und daß die Philosophie eine Träumerin ist, wenn sie die leibhafte Gestaltung der Dinge nicht beachtet, in welcher der Geist sich offenbart. Nur wo Historie und Philosophie sich die Hand reichen und eng verbündet nach der Wahrheit suchen, geht die Erkenntniß in vollem Glanze auf."

schiedensten antihistorischen Juristen und den conse-
quentesten Repräsentanten des juristischen Radikalis=
mus erzeugt hat, so ist dagegen in dem philosophisch
gebildeten Deutschland die Philosophie in unsern
Tagen wieder positiv und historisch geworden. Ins=
besondere haben die beiden in neueren deutschen philoso=
phischen Schulen gebildeten Juristen, welche für die philo=
sophische Auffassung des Rechtes in neuester Zeit die größ=
ten Verdienste sich erworben und die meiste Anerkennung
gefunden haben, Göschel und Stahl, hinwieder auch der
philosophischen Rechtswissenschaft einen positivern Gehalt
gegeben. Es ist diese Erscheinung um so wichtiger, als die
genannten Juristen zu verschiedenen philosophischen Schulen
gehören, indem Göschel vom Hegelschen, Stahl von dem
neuesten Schelling'schen Standpunkte ausgeht. Beide
ihrer Anlage nach ausgezeichnete speculative Köpfe, haben
den frühern Weg der Naturrechte wieder verlassen, und ver=
traut mit dem Entwicklungsgange der neueren Philosophie
jeder von seinem Gesichtspunkte aus wieder sich zurückge=
wendet zur vollständigen Anerkennung auch der positiven
Rechte. Namentlich hat Stahl, dessen Werk jedem den=
kenden Juristen eine Menge neuer Blicke öffnen wird, schon
einmal durch die That den Beweis geleistet, daß es möglich
ist, die philosophische und historische Ansicht vom Rechte zur
Harmonie zu bringen.*)

---

*) Anmerkung zur zweiten Auflage. Ich kann diese allzu
günstige Erwähnung Göschels und Stahls nicht ohne beschränkenden
Vorbehalt wieder abdrucken lassen. Bei Göschel finden wir unvermittelt
und unversöhnt zwei total verschiedene Rechtsanschauungen neben einander,
eine theologisch=lutherisch=orthodoxe, und eine hegelisch=speculative. Die

So aber wird es immer sein. Wenn die Einen ge=
wissenhaft und mit offenem Sinne für die Wahrheit mehr
die philosophische Richtung verfolgen, die Andern eben so
der historischen Forschung obliegen, so werden sie Beide Re=
sultate zu Tage fördern, welche, statt sich zu widersprechen
und auszuschließen, vielmehr sich gegenseitig bestätigen und
ergänzen. Denn die Wahrheit kennt keine Schulen,
und die Wissenschaft läßt die Schulen nur zu als
einzelne vorübergehende Momente ihrer Ent=
wicklung.

---

erste verdunkelt und entwürdigt, die zweite verwirrt und verflüchtigt das
Recht. Viel bedeutender ist Stahl; aber auch auf seine Auffassung hat
die Theologie ungünstig eingewirkt, und es geht ein jüdischer Zug der
Theokratie wie ein rother Faden durch das ganze System hindurch, der
dasselbe für die europäisch-arische Welt unsers Zeitalters zum Theil un=
brauchbar macht. Auch ist in dem Text der Werth der rationellen Na=
turrechtslehre nach meinem jetzigen Urtheil zu gering geschätzt worden.

IX

Der akademische Unterricht.

Thibaut*) hat eine ernste und zum Theil begründete
Klage erhoben über die Unzweckmäßigkeit vieler akademischer
Vorträge. Nur weiß ich nicht, warum er gerade mit dieser
schwersten seiner Klagen die Vorwürfe schließt, welche er
der sogenannten historischen Schule macht. Denn die ge-
rügte „Eitelkeit, Bequemlichkeit und Pedanterie
der Lehrer" werden doch, ob Gott will, nicht als Folgen
der geschichtlichen Richtung zu betrachten, noch gerade die
Lehrer, welche in historischem Geiste lehren, so bösgeartet
sein, daß sie vorzugsweise an jenen Uebeln leiden. Zwei
der getadelten Fehler scheinen zu jener Richtung am wenigsten zu passen. Denn zur Eitelkeit haben die am wenigsten Veranlassung, welche eine kaum übersehbare Masse
noch unbearbeiteten Stoffes vor sich aufgeschichtet sehen, und
zur Bequemlichkeit finden sie keine Zeit. Die Pedanterie
aber ist so eingebürgert in der deutschen gelehrten Welt,
daß sie in allen möglichen Schulen eine hinreichende Zahl
von Ergebenen findet.

Aber wenn wir auch von solchen persönlichen Feh-

---

*) Civilist. Archiv, Bd. XXI, S. 413 ff.

lern der Lehrer absehen, die eben, weil sie persönlich sind,
wiederkehren, — naturam expellas furca, tamen usque re-
curret, — so leidet der akademische Unterricht immer sehr
an Fehlern der Methode, welche sich bei einiger An-
strengung der Lehrer und Schüler eher heben ließen.

Zwar scheint mir der Fehler selten darin zu liegen,
daß der Lehrer seine Vorträge zu sehr für die Gescheutern
unter den Studirenden einrichtet und zu wenig Rücksicht
nimmt auf die mittleren Köpfe. Wenigstens sind mir keine
derlei Vorträge weder aus eigener, noch aus der Erfahrung
von Studiengenossen bekannt geworden. Eher noch kommt
es vor, daß Lehrer den Schwächeren und Roheren zu viel
Rechnung tragen und sich herablassen, jenen zu Gefallen
die Vorträge recht flach auszubreiten und diesen zur Lust
sogar mit niedern Späßen zu verunstalten. Regelmäßig
aber und mit Recht werden die Vorlesungen dem Fassungs-
vermögen gewöhnlicher Geisteskräfte und besserer Gesinnung
angepaßt, und am besten thun die Lehrer, welche ihren
Maßstab eher etwas über als unter der Mitte suchen, und
so an die tiefer Stehenden stärkere Anforderungen machen
und sie dadurch erheben, statt die etwas höher Stehenden
niederzudrücken.*)

Dagegen ist es noch immer eine leidige Sitte auf
manchen deutschen Universitäten und in vielen Collegien,
den Zuhörern die ganze lange Stunde hindurch — denn

---

*) Vortreffliche Bemerkungen über die Rücksicht auf die Anlagen der
Studirenden finden sich in einem Aufsatze von Savigny über die Uni-
versitäten in L. Ranke's polit. Zeitschrift, I, S. 590 ff. Auch
Thibaut ist damit völlig einverstanden; Civilist. Archiv, XXI,
S. 417.

sehr lang ist sie unter dieser Voraussetzung, auch wenn sie kaum drei Viertelstunden dauert — die vom Katheder herabgelesene Weisheit gemächlich zu dictiren. Freilich hat die Sitte das Bequeme, daß die Studirenden ein lückenloses Heft schwarz auf weiß nach Hause tragen können; aber auf Seite des Docenten ist diese Art des Vortrags geistlos, für den Zuhörer geisttödtend. Der Schaden, der daraus für die Studirenden erwächst, ist nicht leicht hoch genug anzuschlagen. Statt daß sie in den Hörsälen geistig angeregt, erfrischt und befruchtet werden sollten, werden sie vielmehr in dieser Weise maschinenmäßig zur Trägheit und Gedankenlosigkeit erzogen. Wenn sie dann aus der Stunde wegbleiben und sich damit trösten, das Dictat sei leicht hinterdrein abzuschreiben oder abschreiben zu lassen, so ist ihnen weder jenes Wegbleiben zu verargen, noch dieser Trost zu benehmen; aber traurig ist es auf alle Fälle, daß es gleichgültig sein kann, ob die Vorträge besucht werden oder nicht.

Ein anderes Hauptgebrechen, an dem der juristische Unterricht auf unsern Universitäten krankt, liegt darin, daß derselbe sich viel zu sehr auf bloße Mittheilung des Lehrers und bloße Aufnahme des Mitgetheilten durch die Studirenden beschränkt.

Zu Ende der römischen Republik und noch zu Anfang der Kaiserregierung bestand fast der ganze juristische Unterricht darin, daß die Jünglinge sich an gereifte Rechtsgelehrte oder besser Rechtskundige anschlossen, zugegen waren, wenn sie den Rathsuchenden Rath ertheilten, ihnen folgten, wenn sie auf das Forum gingen, und da bald dem Prätor, bald den Richtern, bald den Rednern und Parteien mit ihrer

Rechtserfahrung und Rechtskenntniß beistanden. Sie lern=
ten ihnen die Kunst ab, mit raschem Blicke die einzelnen
vorkommenden Fälle des täglichen Lebens juristisch zu be=
handeln. Zu dieser Zeit noch war die Jurisprudenz mehr
eine Kunst als eine Wissenschaft, der Unterricht bestand mehr
in practischer Uebung als in theoretischen Vorträgen. Auch
die späteren Schriften der römischen Juristen haben von
dieser Jugendzeit der römischen Rechtswissenschaft her ein
eigenthümlich practisches Gepräge erhalten.

So vorherrschend practisch kann nun freilich der mo=
derne Unterricht nicht mehr werden. Schon die Natur
unsers Rechtsstoffes nöthigt uns, von Anfang an wissen=
schaftlicher zu verfahren, und die neuere Schulbildung
verträgt es nicht anders. Aber mehr, als es bisher geschehen
ist und noch geschieht, sollte darauf hingewirkt werden, daß
auch die Arbeit des Schülers in lebendigere Wech=
selwirkung gesetzt werde zu der Thätigkeit des Leh=
rers. Mit Geboten und Verordnungen läßt sich wenig
Ersprießliches ausrichten. Aber oft fehlt es nicht bloß an
der Einsicht, sondern mehr noch an dem guten Willen und
dem nöthigen Fleiße der Lehrer und der Studirenden, welche
beide sich scheuen, ihre Bequemlichkeit und zum Theil auch
ihre Vorurtheile zu überwinden. Sonst würden die längst
bekannten Mittel, den juristischen Unterricht prac=
tischer zu machen, öfter benutzt, als es gegenwärtig ge=
schieht. Dahin rechne ich:

1) Exegetische Uebungen. Mit wie gutem Er=
folge diese vorgenommen werden, weiß ich aus eigener Er=
fahrung. Gerade die in den Pandekten niedergelegten
Stellen aus den römischen Classikern bieten einen vortreff=

lichen Stoff zur Bearbeitung dar. Sie enthalten in reichster
Auswahl eine Reihe interessanter practischer Aufgaben, deren
Lösung das Verständniß in die Wissenschaft fördert und den
practischen Sinn ungemein schärft. Wie bedeutend die
Fortschritte gerade hier sich zeigen und wie wohlthätig diese
Uebungen für den Schüler wie für den Lehrer sind, wird
jeder bezeugen können, der die Erfahrung gemacht hat. In
den ersten Stunden meinen noch die Studirenden gewöhnlich,
wenn sie die lateinisch geschriebene Stelle nur gehörig deutsch
wiedergeben können, so sei alles Nöthige gethan. Bald
aber werden sie inne, daß erst nachher die eigentliche Auf=
gabe beginnt, und daß sie ganz die gleiche ist, die Stelle
mag nun mit lateinischen oder mit deutschen Worten vor
ihnen stehen. Dann lernen sie den Fall, wie er dem rö=
mischen Juristen seiner Zeit auch im Leben vorgekommen
war, das Thatsächliche, Aeußerliche herausfinden und wieder
offen darlegen. Und nun gilt es, wie das der alte Jurist
auch hat thun müssen, diesen Fall juristisch zu begreifen,
die juristische Seite daran zu erkennen, und endlich die
Rechtsgründe, welche die Lösung der Aufgabe bestimmen,
nach Anleitung jener großen Muster nachzuweisen und ab=
zuwägen. So wird es allmälig heller und der junge Mann
sieht sich mit Freuden mitten in die geistige Werkstätte von
Julian, Papinian, Ulpian versetzt. Er sieht der Arbeit der
Meister zu, die zu wiederholen er — nach ihrem Vorbilde
— unternommen hat. Der Lehrer aber wird sich nicht bloß
erfreuen, wenn so die lebendige Erkenntniß der Schüler zu=
sehends wächst, er wird zugleich auch wahrnehmen, wo denn
seine andern Vorträge noch dunkel seien, welchen Mißver=
ständnissen er ausgesetzt gewesen, in welcher Weise die Em=

pfänglichkeit der Schüler anzuregen sei. Ich weiß es zwar, daß außer der Trägheit auch an`manchen Orten noch das Vorurtheil der Studirenden solchen Uebungen im Wege steht, das Vorurtheil nämlich, daß es eines Studenten un= würdig sei, vor seinen Commilitonen und unter den Augen des Lehrers sich der Gefahr auszusetzen, daß seine Schwä= chen offenbar werden. Aber hoffentlich wird unsere Jugend doch dergleichen Albernheiten mehr entwachsen*), und wenn nur einzelne Versuche im Kleinen gelingen, so werden sicher= lich die Erfolge eine größere Ausdehnung derselben veran= lassen und weitere Geneigtheit dafür erwecken. Am besten aber wirkt es, um jenes Vorurtheil niederzuschlagen, wenn der Lehrer selbst sich mit völliger Freiheit gehen läßt und sich nicht scheut, auch was er nicht weiß, offen zu bekennen und auf Einwürfe gegen seine Meinung gerne einzugehen. Er wird dadurch an Credit nichts verlieren, sondern eher ge= winnen; denn der Glaube an die Allwissenheit der Lehrer ist auch schon längst zu Grabe getragen.

2) Wenn durch die Exegese von Gutachten der rö= mischen Juristen der juristische Sinn geweckt worden ist und die Fähigkeit, einzelne Rechtsfälle zu bearbeiten, an solchen Mustern sich geübt hat, dann wird es dem Studirenden schon leichter sein, sich nun auch in selbständiger Be= handlung neuer Rechtsfragen zu versuchen. Es er= halten somit die practischen Uebungen nur eine noch freiere und, um des Zusammenhanges willen der aus dem

---

*) Zur Ehre unserer Studirenden in Zürich muß ich sagen, daß ich hier von diesem Vorurtheile keine Spuren gefunden habe; vielmehr galt es gerade umgekehrt für eine Ehrensache, an solchen Uebungen Theil zu nehmen.

Leben zu nehmenden Fälle, auch eine lebendigere Bedeutung. Die juristische Diagnose zu schärfen, wird jetzt die Hauptaufgabe sein und für das spätere, practische Leben in dieser Weise passend vorgearbeitet werden. Theoretische Ausarbeitungen einzelner Lehren lassen sich damit recht gut verbinden, am fruchtbarsten für diesen Unterricht aber in Verbindung mit practischen Beziehungen. So gewöhnt sich der Studirende, den Gegensatz zwischen Theorie und Praxis sich nicht als einen feindlichen zu denken, und er wird während seiner Arbeit schon gewahr, wie diese durch jene vergeistigt, jene durch diese sinnlich veranschaulicht wird. Wie jene exegetischen Uebungen ein passendes Ergänzungscollegium für die Darstellung des römischen Rechtes in den Pandekten sind, so können sich schicklich diese theoretisch-practischen Arbeiten an die Lehre des deutschen Privatrechtes anschließen.

3) Zuletzt, nachdem auch die Lehre vom Proceß vorgetragen ist, sollten Uebungen in gerichtlichen Geschäften jeder Art den Uebergang bilden zum Eintritt in das thätige Leben. Schon auf der Universität sollte sich der Studirende hineindenken müssen in die Lage eines Anwaltes und eines Richters, und sich unter der Leitung des Lehrers vertraut machen mit den Arbeiten dieser. So lernt er dem Leben ins Antlitz schauen und dasselbe juristisch bemeistern.

Alle diese Uebungen haben auch den großen Vortheil, daß sie Lehrer und Schüler in erweiterten und vervielfältigten persönlichen Verkehr bringen. Sie stehen einander nicht so fern, wie das leider bei der gewöhnlich rein docirenden Lehrweise kaum anders möglich ist. Die Geister be

rühren sich, regen sich an, befreunden sich. Das ganze Verhältniß wird wieder ein innigeres, vertrauteres. Der Trieb
der Jugend zur That erhält eine nützliche, diesem Alter gemäße und für ihre Ausbildung ersprießliche Richtung. Die
Praxis erscheint um dieser engen Verbindung mit der
Wissenschaft willen in einer veredelten Gestalt. Und noch
lange wird selbst das Andenken an diese Zeit eines freien
selbstthätigen reinen Strebens erfreulich und ermuthigend
hinüberleuchten in die Dämmerung eines oft trüben und
beschwerlichen späteren practischen Lebens.

Ungeachtet aber diese Vortheile einleuchtend sind, und
ungeachtet jene Uebungen sogar für die ganze Ausbildung
des jungen Juristen nothwendig scheinen, so zeigt doch jeder
Blick in die Lectionskataloge unserer Universitäten, daß sie
äußerst selten, an wenigen Orten nur vorgenommen werden.
Es könnte diese Wahrnehmung zunächst herabstimmend und
entmuthigend wirken, nähere Ueberlegung aber fordert eher
auf, Muth zu fassen. Denn seit einigen Jahrzehnden haben
doch auch in allen andern Sphären des Lebens die Deutschen an practischer Tüchtigkeit sehr zugenommen; so werden
sie wohl auch fähiger werden, den höheren Unterricht practischer zu behandeln. Und ebenso hat seit einigen Jahrzehnden auch der theoretische Vortrag der juristischen Lehrer
insbesondere sich verbessert. Gerade unter diesen finden sich
unübertroffene Muster einer anregenden wissenschaftlichen
Docirweise. Sie werden daher auch in dieser noch wenig
cultivirten Richtung nicht zurückbleiben. Das Bedürfniß
der Zeit stellt eine laute und entschiedene Forderung an sie
und an die Studirenden. Sie wird sicherlich nicht ungehört
und nicht unerfüllt verhallen.

X.

Neue Reformvorschläge.*)

Mit dem Anfang der Vierzigerjahre beginnt in der deutschen Nation, wie fast überall unter den neueren Culturvölkern, eine breit angelegte und tief greifende politische Bewegung, die auch auf die Fortbildung des Rechts und auf die Rechtswissenschaft einen unwiderstehlichen Einfluß äußert.

Die ganze Staats- und Rechtsordnung geht einer Umwandlung zu, deren leitende Ideen zwar meistens schon früher erschienen sind, aber nun eine neue Macht erwerben und theilweise eine neue Gestalt annehmen.

Der Glaube an ein Herrscherrecht, das unmittelbar vom Himmel komme und mit göttlicher Majestät über dem Staate und dem Volke leuchtend schwebe, ist den Völkern ganz unverständlich, dagegen die Anschauung des Staates, als eines menschlichen Volksstaates, allgemein geworden. Zuerst versucht der Umschwung der Ansichten sich in mehr oder weniger demokratischer Form geltend zu machen. Der Regierungsautorität tritt das Mißtrauen der Bürger entgegen, ihre Bekämpfung und ihre Schwächung wird wie ein Fortschritt in der Gesittung und

---

*) Zusatz zur zweiten Auflage.

in der Freiheit gepriesen, die Opposition wird, weil sie Opposition, nicht weil sie nöthig und nützlich ist, populär. Insbesondere erhebt sich der dritte Stand, das gebildete höhere Bürgerthum, zu steigender Macht. Gestützt auf seine Wohlhabenheit, die er fruchtbar zu machen weiß, sorgfältig geschult, der anerkannte Träger der socialen Zeitbildung, der Vertreter der öffentlichen Meinung, geübt in der Selbst=verwaltung seines Hauses und seiner Güter, voll lebhaften Selbstgefühls und voll gemeinnütziger Vorsätze, traut sich dieser dritte Stand die Kraft und die Fähigkeit zu, das ganze öffentliche Leben zu beherrschen und die Leitung des Staates an sich zu ziehen. Die aristokratischen Classen haben diesem Streben fast nur historische Ansprüche, sociale Privilegien, abgestorbene Rechtstitel, aber wenig frische Kräfte, fast keine politischen Thaten, keinen nationalen Credit entgegen zu setzen. Je mehr sich in der Aristokratie das junkerhafte Element vordrängt, und je mehr sie sich in die Tracht der vergangenen Jahrhunderte zu kleiden bemüht, um so heftiger wird der Haß und die Verachtung des dritten Standes gereizt und die Ohnmacht eines solchen Adels kläg=lich an den Tag gezogen.

Aber mehr noch als in der Zeit der ersten französischen Revolution fangen hinter dem dritten Stande auch die Massen des vierten Standes an, sich selbständig zu fühlen, alte seit Jahrhunderten eingeschlafene Forderungen zu er=neuern und neue Begehren damit zu verbinden. Die Bauern vornehmlich wollen endlich von der Gutsunterthänigkeit frei werden und die ewigen Lasten ihrer Güter endlich ablösen. Sie fordern gleiches Recht und gleiche Freiheit mit den Bürgern der Städte. Bald verbündet sich der vierte Stand mit dem dritten und läßt sich von demselben vertreten und führen, wenn es gilt, die öffentlichen Rechte auszubreiten und das Privateigenthum von der überlieferten Gebunden= heit zu befreien; bald zieht er sich wieder mißtrauisch auf sich selber zurück, wenn er für seine ökonomischen Interessen besorgt wird, oder wendet er sich scheu von der Bildung des dritten Standes ab, wenn er in seinen Gewohnheiten oder in seiner Ruhe gestört oder wenn er in seinem re= ligiösen oder politischen Glauben verletzt wird. In solcher Stimmung vertraut er lieber der herkömmlichen Autorität der Regierung und der kirchlichen Hierarchie. In einigen, den proletarischen Classen des vierten Standes gähren auch Wünsche nach einem totalen Umsturz der ganzen gesellschaft= lichen und wirthschaftlichen Ordnung und es grinzt dann von Zeit zu Zeit der erschrockenen Bürgerwelt das Schreck= bild der communistischen Barbarei entgegen.

Diese Gegensätze und Triebe, Jahre lang unter der starren Decke der äußeren Rechtsordnung verborgen, treten dann in der Fieberhitze der revolutionären Krisis deutlich und mächtig hervor, deutlicher freilich noch in den Schwan= kungen des französischen Staats, aber erkennbar und wirk= sam genug auch in dem Leben der deutschen Nation.

Indem die hergebrachten Autoritäten sich von der de= mokratischen Strömung bedroht fühlen, sehen sie sich nach Hülfe um. Aber statt auf den Geist der Zeit zu merken, und die Ideen unsers Jahrhunderts sich anzueignen, suchen sie nur in der Vergangenheit den moralischen und geistigen Beistand, dessen sie in ihrer Noth bedürfen. Wieder neh= men sie ihre Zuflucht zu den Lehren vom göttlichen Recht der Obrigkeit, von der Autorität der Vorfahren,

6

von der Heiligkeit des Bestehenden, von der Nothwendigkeit
einer absoluten Regierungsgewalt, von der Ruchlosigkeit
jeder Empörung wider die Legitimität u. s. f.; d. h. sie
stützen sich auf Lehren, welche im siebenzehnten und zu An=
fang des achtzehnten Jahrhunderts noch mächtig und sieg=
reich, seither ihre Anziehungskraft für die Gemüther ver=
loren haben, welche nicht die Macht besessen haben, die alte
Staatsordnung auf die Dauer zu bewahren und durchaus
unzureichend sind, um die neue Staatsentwicklung unsrer
Zeit zu bestimmen. Neben dieser schwachen politischen Stütze
versuchen sie es mit einer kirchlichen, deren Stärke noch trü=
gerischer ist. Weil sich hier und dort ein Widerspruch gro=
ßer Volksclassen gegen die Verneinung des religiösen Glau=
bens gezeigt hat und weil die Theilnahme an dem kirchlichen
Leben sich gelegentlich wieder stärker regt als in dem Zeit=
alter der Aufklärung, weil ein erheblicher Theil der Theo=
logen und der Geistlichkeit sich beeifert, die traditionelle
Staatsleitung zu unterstützen, wenn nur diese hinwieder
auch ihnen zu dienen bereit sei, so hoffen sie in der alten
Orthodoxie und in der kirchlichen Hierarchie eine besonders
wirksame Hülfe wider die Angriffe der radikalen Demokratie
zu finden.

Aber gerade in diesen doktrinären und kirchlichen Mit=
teln versehen sie es am meisten. Die Restauration der un=
haltbar gewordenen Maximen eines untergegangenen Zeit=
alters und die Anlehnung an eine kirchliche Partei,
welche sich der Verachtung des Zeitgeistes berühmt und für
die geistige Entwicklung der Gegenwart weder Verständniß
noch Neigung hat, reizen nur die Erbitterung der Gegner,
aber gewähren weder Stärke noch Hülfe in dem Kampf für

die obrigkeitliche Autorität. Von allen Arten der Herrschaft ertragen die heutigen Völker am wenigsten die Priesterherr= schaft und durch nichts werden sie tiefer beleidigt, als durch den Versuch, sie in die Zeiten des untergehenden Mittelal= ters zurück zu drängen, und ihnen die Ehre und das Recht der Mündigkeit abzusprechen.

Dießmal gingen die Schweizer, ein Volk, von über= wiegend alemannischer Abkunft und mit erheblichen Bruch= theilen der romanischen Nationen verbunden, aber zugleich ein Volk, bei welchem die repräsentative Demokratie einen historischen Boden hatte und die politische Bildung auch der Massen entwickelter war als irgendwo auf dem Conti= nent, in dem Ausbruch der Revolution voraus. Der un= sinnige auf die kirchlichen Vorurtheile und Leidenschaften der katholischen Bauern gestützte Plan der Jesuitenberufung nach Luzern entzündete den Sonderbundskrieg, das Vorspiel der europäischen Revolution von 1848. Zuerst dann in Italien, bald darauf in Frankreich und unmittelbar nachher in Deutschland brach nun die lange zurück gehaltene Re= volution mit vulkanischer Gewalt los.

Ueberrascht und erschreckt sanken damals die alten Au= toritäten zusammen, die zähe und sonst so zuversichtliche Bureaukratie versagte ihren Dienst, die Aristokratie warf ihre Vorrechte über Bord, die Ultramontanen kümmerten sich nichts mehr um die gefallene Staatsautorität und wechselten rasch gewandt ihre politische Haltung, um die allgemeine Verwirrung für ihre besondern Zwecke auszubeuten. Die Armeen sogar waren unverläßig geworden. Die Fürsten erklärten sich zu einer gründlichen Reform der Verfassung bereit.

6*

In der That es kam auch in Deutschland zu großen
und bleibenden Veränderungen. Der Boden wurde von den
grundherrlichen Lasten befreit, die Gutsunterthänigkeit der
Bauern mit den letzten Resten der Eigenschaft aufgehoben,
das Lehenswesen großentheils beseitigt, die allgemeine Bürgerfreiheit mit neuen Garantien ausgestattet, der kirchlich-
politische Zwang gegen die Individuen in mancher Hinsicht
ermäßigt oder entfernt und zugleich den Kirchen selbst freiere
Bewegung verstattet, den Staatsbürgern eine Theilnahme
an der Strafrechtspflege zugestanden, die Repräsentativverfassung in der Form der constitutionellen Monarchie in den
Staaten, wo sie schon bestanden hätte, besser gesichert, in
den andern neu eingeführt. Nur das, was erst allen Ein-
zelreformen zugleich festen Halt und rechtes Maß gewährt
und was allein dem erwachten Nationalgeist der Deutschen
Befriedigung verschafft hätte, die Reform der Bundesver-
fassung mißglückte damals vollständig, nicht um der äußern
Gefahren willen, die damals gering waren, sondern vorzüglich wegen der innern Schwierigkeiten, unter denen der
Mangel an politisch practischer Bildung selbst bei den Repräsentanten der Nation und mehr noch bei den Vertretenen
ebenso schädlich und störend sich erwies als die entschiedene
erst heimliche dann offene Gegenwirkung der meisten Dy-
nastien und ihrer Regierungen. Die Ausschweifungen der
rothen Demokratie, die Schädigung aller wirthschaftlichen
Interessen, die Erschütterung des Credits, die Bedrohung
der Cultur, die Entfesselung auch der nothwendigen Bande
des Gesetzes und des Rechts, erfüllten den dritten Stand
mit bangen Besorgnissen und ernüchterten seine Begeisterung
für die Reform. Er fühlte sich zu schwach, um die Be-

wegung zu einem glücklichen Ziele zu leiten. Er sah sich nach stärkeren Mächten um. Auch er hoffte damals nur von der eisernen Gewalt der Heere die Rettung und sehnte sich nach der monarchischen Autorität der Fürsten, welchen die Heere willfährig gehorchen. Der habliche Bestandtheil des vierten Standes hatte früher noch dieselbe Richtung eingeschlagen. Die Bauern hielten an ihrer Errungenschaft fest; im Uebrigen wollten sie vor allen Dingen eine kräftige Regierung, welche ihnen und dem Lande Ruhe und Sicherheit verschaffe. Die konservativen Parteien gewannen zusehends an Stärke und Ansehen.

Aber wie in der Zeit der Revolution manchenorts in Deutschland die radikale Leidenschaft maßlos gewüthet hatte, so schlichen sich in der nun folgenden Zeit der Reaction die absolutistischen Vertreter der Reaction in das Vertrauen der Fürsten ein und bemächtigten sich mehr und mehr der öffentlichen Gewalt. Es folgte eine Zeit der Erschlaffung, der Hemmnisse, des kleinlichen Drucks. Die Bureaukratie umspann wieder wie ein Geflechte von Schmarozerpflanzen alles frische Wachsthum des Volkslebens, entzog demselben einen Theil seiner gesunden Säfte und suchte es zu ersticken. Die politische Romantik mit ihren halb mittelalterlichen, halb absolutistischen Liebhabereien kam wieder auf, theokratisirende Staatslehren fanden bei den Machthabern und in der Junkerschaft Beifall und Beachtung. Freilich war der Gegenstoß der Reaction doch viel schwächer als der Stoß der Revolution gewesen war und in keinem deutschen Lande — nicht einmal in dem unglücklichen Kurhessen — wagte man die sämmtlichen Neuerungen der Revolution wieder zu zerstören. Für den Politiker war diese Erfahrung ein untrügliches

Kennzeichen der im Großen der Reform zugeneigten Macht und Richtung der Zeit.

Am eifrigsten strebten nun die pharisäischen Kirchenparteien nach der Wiederherstellung der alten Priesterherrlichkeit und nach der Restauration der kirchlichen Vormundschaft über den Staat und über die Gesellschaft. Preußen begünstigte dieses Streben im Geiste einer wunder= und herrschsüchtigen Romantik. Oesterreich wollte mit der Unterwerfung unter die ultramontanen Gebote, den Beistand Roms und die Hülfe Gottes erkaufen und meinte im engsten Anschluß an die kirchliche Geistesleitung den religiösen Kitt zu finden, welcher sein Völkerconglomerat zusammen halte. Aber wieder erfuhr die Welt, daß gerade die kirchlichen Uebertreibungen, und daß solche Entwürdigung der Geisteshoheit des Staates und diese Bedrohung der Geistesfreiheit der Individuen die gebildeten Classen aufs tiefste empören. Der Eroberungszug der Concordatspolitik von Osten nach Westen fortschreitend, weckte endlich die Geister wieder aus ihrem trägen Schlummer auf; und nach der ersten Niederlage, welche sie in Baden erlitt, wurde es wieder aller Welt offenbar, auf was für morschen Säulen diese Politik ruhe.

Auch die politische Reactionsbewegung fand inzwischen ihre Grenze. Der Fall des Ministeriums Manteuffel=Westphal in Preußen und des Ministeriums Pfordten=Reigersberg in Bayern, die Erkräftigung des constitutionellen Rechtsbewußtseins und die Steigerung des constitutionellen Lebens in den Kammern, in der Presse, in der allgemeinen Theilnahme überhaupt, waren noch vor dem Oesterreichisch=italienischen Kriege deutliche Wirkungen der wieder mächtiger gewordenen liberalen Zeitströmung. Da in dem italienischen

Kriege auch die Ultramontanen und die absolutistischen Ten=
denzen der Oesterreichischen Politik auf's Haupt geschlagen
wurden, so konnte nun auch in Oesterreich die Nothwendig=
keit der Reform nicht länger bestritten werden und es ward
ein Umschwung zu dem so lange verpönten constitutionellen
System wie ein letztes Rettungsmittel für das große Reich
versucht.

Von neuem wurde auch das noch immer ungestillte
Verlangen nach der deutschen Bundesreform wieder laut;
bewußter nun und gemäßigter als im Jahre 1848, aber
auch mit zunehmender. Kraft. Die Regierungen können es
nicht mehr überhören, und sie dürfen es nicht länger ver=
achten. Daß die Frage wieder eine offene ist, und ihre
Lösung versucht wird, ist gegenüber der stumpfen Schlum=
merzeit der vorher gegangenen Jahre ein erheblicher Fort=
schritt. Von der wirklichen Lösung aber hängt Alles, ins=
besondere auch der Entscheid darüber ab, ob die deutsche
Nation die sittliche Kraft und die geistige Fähigkeit besitze,
als ein wohlorganisirtes Volk unter den leitenden Völkern
der Erde einen würdigen Platz einzunehmen.

So gewaltige Erlebnisse und so große Aenderungen
konnten für das Recht und die Rechtswissenschaft unmöglich
unwirksam bleiben, wenn gleich die festen Formen und die
beharrliche Natur des Rechts sowie die traditionelle Fort=
pflanzung der Rechtswissenschaft auf den deutschen Univer=
sitäten, nicht so leicht der wechselnden Stimmung und Strö=
mung des Lebens nachgeben. Insbesondere die Gesetz=
gebung wurde von jenen Impulsen vielseitig angeregt und
war bestrebt die nothwendig gewordenen Wandlungen auch
in dem Recht zu bestimmen und für die Dauer zu fixiren.

In' reformatorischen Zeiten muß die Gesetzgebung thätiger eingreifen, als in Zeiten der Ruhe und des Stillstandes. Daß mit dem gesteigerten politischen Leben auch zahlreichere und umfassendere Gesetze unternommen werden, kann daher Niemanden befremden. Während der letzten Jahre sind manche größere Gesetzeswerke in den einen Ländern zu Stande gekommen, in andern vorbereitet worden, über bürgerliches Recht und den Civilproceß, über Strafrecht und Strafrechts= pflege, über Policeiordnung und die Rechtspflege in Poli= ceifällen, über das Gewerbewesen u. s. f. Ein verwandter Charakter·geht durch alle diese Werke hindurch. Ueberall gewahren wir das Streben, das Recht und die Rechtspflege von dem überlieferten Formalismus der Gelehrsamkeit zu befreien, und in rationeller Weise zu reinigen, die fremden Kunstausdrücke durch einheimische Wörter zu ersetzen, den Streit der Schulen und der historischen Gegensätze durch den zeitgemäßigen Entscheid der höchsten Autorität zu been= digen, die faulen Ueberbleibsel des mittelalterlichen Feudal= systems sammt den Resten der Gutsherrschaft wegzuräumen, das ganze Recht bürgerlicher und volksthümlicher zu gestal= ten, die Freiheit der Person und des Eigenthums besser zu sichern und zu erweitern, ein allgemeines Volksrecht aus= zubilden, und den Staatsbürgern·selbst einen Antheil an der Rechtspflege zu eröffnen.

Die durchgreifendste Umbildung erfuhr natürlich das Staatsrecht, in dem sich der Abschluß der Parteikämpfe aus= geprägt findet. Da kam es wesentlich darauf an, den beiden mächtigsten Strebungen der neuen Zeit gerecht zu werden, d. h. mit einer gesicherten und breiten Bürgerfreiheit eine starke und einheitliche Regierungsgewalt zu verbinden. Der

Ausbau der Repräsentativverfassung im Ganzen und in den Theilen, die Durchführung der constitutionellen Monarchie wie sie der historischen Würde der Fürsten und dem Freiheitsbedürfniß der Völker zusagt, die energische Wahrung der staatlichen Hoheit auch den Kirchen gegenüber verbunden mit der vollen Anerkennung ihrer religiösen Selbständigkeit und Unabhängigkeit von policeilicher Willkür, die Befestigung der verfassungsmäßigen Volksfreiheit und die volle Machtbefugniß der obrigkeitlichen Gewalten, Alles anzuordnen, was die öffentliche Wohlfahrt verlangt, die Sorge für ein gebildetes Beamtenwesen und die stufenweise Erhebung der Körperschaften und Gemeinden zur Selbstverwaltung, die scharfe Sonderung der Regierungs= und der Justizbehörden und ihrer Competenzen, die Scheidung zwischen öffentlichem und Privatrecht, das sind charakteristische Züge des modernen Staatsrechts.

Wie verhält sich nun die Rechts= und die Staatswissenschaft zu diesen großen Reformen der Rechts= und der Staatsordnung? Die ganze Wandlung dieser hat mehr als irgend eine ältere Phase deutscher Rechtsbildung einen bewußten, principiellen also einen wissenschaftlichen Charakter. Man sollte erwarten, daß die deutsche Rechtswissenschaft, deren fleißige Arbeit nie größer war als in unserm Jahrhundert, den entscheidendsten Einfluß auf dieselbe gehabt habe und mit aller Anspannung ihrer Kräfte bemüht sei, dieselbe auch in der Lehre tiefer zu begründen, im Einzelnen zu erklären und durchzubilden. Aber diese Erwartung ist trügerisch. Man muß gestehen, ein großer Theil dieser Reformen sind ohne die Beihülfe und nicht selten trotz des Widerspruchs der angesehensten wissenschaft=

lichen Autoritäten zu Stande gekommen und die Juristen=
fakultäten der deutschen Universitäten haben sich in ihrer
Mehrheit so wenig als irgend möglich darum bekümmert.
Wohl haben, wie das gar nicht anders sein konnte, einzelne
Männer der Wissenschaft tüchtig vorgearbeitet, und Dan=
kenswerthes geleistet, um den neuen Aufgaben gerecht zu
werden. Die Einsicht, daß die Jurisprudenz eine practische
Wissenschaft und daß die Erkenntniß des wirklichen und le=
bendigen nicht des vergangenen und todten Rechtes ihre
eigentliche Bestimmung sei, ist heut zu Tage auch in den
Kreisen der Rechtsgelehrten zu Ehren gekommen. Die neuen
Gesetze haben ihre Erklärer gefunden, die neue Rechtsbil=
dung ist in ihren Grundgedanken geprüft, in ihren Con=
sequenzen vielseitig dargestellt worden. Auch der Gerichts=
praxis haben manche Rechtsgelehrte ihre Aufmerksamkeit
zugewendet. Die Rechtsphilosophie hat an Tiefe der Be=
gründung und an Weite des Ueberblicks gewonnen, die ver=
gleichende Jurisprudenz ist reichhaltiger geworden und mit
mehr Umsicht als früher betrieben worden. Das allgemeine
und das besondere Staatsrecht haben ihre wissenschaftlichen
Bearbeiter gefunden.

So hoch wir aber diese und ähnliche Leistungen schätzen
mögen, es bleibt dennoch unläugbar, daß die Reform der
deutschen Rechtswissenschaft und insbesondere die
Einrichtung der Universitätsstudien keineswegs
mit der Reform des Rechtes selbst und des Staa=
tes Schritt gehalten hat.

Die organischen Anstalten der Universitäten sind fast
nicht berührt worden von jenen Aenderungen; und der ju=
ristische Studienplan ist fast ganz derselbe geblieben, als

ob inzwischen keine neuen Bedürfnisse entstanden wären. Die politischen Parteikämpfe in den repräsentativen Körpern, in den Behörden, in den Gemeinden und in der Gesellschaft übten wohl auf die collegialischen Verhältnisse der Professoren einen Einfluß aus; die politische Parteiung entzweite die Collegen, aber die Behandlung des Unterrichts blieb nach wie vor meistens dieselbe.

Die Zahl der Professoren, welche principielle Gegner der ganzen modernen Rechtsentwicklung und eifrige Vorkämpfer der reactionären Doctrinen sind, ist nicht gering, obwohl die Zahl derer, welche in dem behaglichen Gefühl des festen Besitzstandes und der süßen Gewohnheit wegen von keiner Neuerung wissen wollen, noch größer sein mag. Nehmen wir dazu die zähe Macht des Herkommens, die auf den Universitäten von jeher schwer zu überwinden war und die Unmöglichkeit, durch Machtsprüche und Dekrete von Regierungswegen eine Aenderung zu bewirken, so können wir uns auch die große Schwierigkeit einer Studienreform nicht verbergen.

Dennoch ist eine Reform auch hier so gewiß nothwendig, als die Rechtspflege und die Erziehung zur Rechtspflege in Harmonie gebracht werden muß, so gewiß als eine wesentliche Umbildung der erstern auch eine Berücksichtigung von Seite der letztern fordert.

Das Beste freilich erwarten wir auch hier von den Männern der Wissenschaft selbst, und von der wachsenden Erkenntniß von jener Wandlung und ihren Consequenzen; und wenn es den Aeltern weniger zugemuthet werden kann, daß sie sich mit der Liebe, die auch für die geistige Production das belebende Princip ist, den neuen Schöpfungen zuwenden, so werden doch dem natürlichen Lauf der Dinge gemäß die jüngeren Männer sich leichter damit' befreunden.

Aber nicht Alles darf man dieser stillen und allmählichen Aenderung des wissenschaftlichen Lebens selbst überlassen. Es ist von größter Bedeutung, daß auch der Staat die Hemmnisse entferne, welche einer Reform der Universitätsstudien im Wege sind, und durch die Einrichtungen, welche von ihm abhängig sind, dieselbe seinerseits kräftig unterstütze.

Die Organisation der Fakultäten, die Bestimmung, über welche besondere Fächer von den Aspiranten auf den Staatsdienst während der Universitätsstudien Collegien besucht werden müssen, die Einrichtung der Staatsprüfungen und vor allen Dingen die Anstellung und Berufung neuer Lehrer und die Gründung neuer Lehrstühle, das Alles ist wesentlich Sache der Staatsregierung und von sehr erheblichem Einfluß auf die Zustände der Universitäten. Soll wirklich eine Reform gelingen, so muß dieselbe auch von den Regierungen mit klarem Bewußtsein des Nothwendigen und mit festem Willen, der wohl mit rücksichtsvoller Schonung der reizbaren Gelehrtennatur aber nicht mit bloßem Gehenlassen vereinbar ist, an die Hand genommen werden.

Meines Erachtens sind vornehmlich folgende Dinge zu berücksichtigen: 1) Die durchgreifende Scheidung der Justiz von der Regierung und Verwaltung erfordert eine analoge Beachtung in dem Bildungsgang. Von Alters her ist dieser viel zu einseitig und zu allgemein auf die Jurisprudenz im engern Sinne gegründet. Die sorgfältigste privatrechtliche Vorbildung, für den eigentlichen Juristen unerläßlich, reicht gar nicht aus für den künftigen

Verwaltungsbeamten und ist, wenn sie seine Studienzeit und seine Kräfte vornehmlich in Anspruch nimmt, geradezu ein Hinderniß der für ihn erforderlichen Ausbildung.

In manchen Staaten, wie vorzüglich in Bayern, hat man deßhalb den Juristenfakultäten sogenannte staats= wirthschaftliche an die Seite gesetzt, augenscheinlich in der Absicht, für den Verwaltungsberuf eine besondere Vor= bildung zu ermöglichen. Aber diese Trennung der beiden Fakultäten hat sich durchaus nicht bewährt und die Art ihrer Sonderung ist gänzlich mißlungen. Die Staats= wirthschaft läßt sich so wenig zu einer ganzen Fakultät auf= blasen, als etwa die Staatspolicei oder die Politik. Die staatswirthschaftlichen Fakultäten haben wohl eigene Do= centen aber fast keine eigenen Studenten und die ganze Jugend strömt, wie es alter Brauch ist, der Juristenfakultät zu. Auch in Bayern gibt es trotz der zwei Facultäten nur eine gemeinsame Staatsprüfung für die Aspiranten zur Justiz wie zur Verwaltung, und in dieser Staatsprüfung behaupten die juristischen Disciplinen im engern Sinn noch fortwährend das Uebergewicht.

Nicht zwei Fakultäten sondern Eine Fakultät für Rechts= und Staatswissenschaften scheint mir das Richtige, aber Eine Fakultät, die sich in zwei Abthei= lungen verzweigt, die eine zur juristischen Vorbildung im engern Sinn, d. h. für die Rechtspflege, die andere zur staatswirthschaftlichen Vorbildung, insbesondere für die Regierung und Verwaltung.

Die Einheit der Fakultät wahrt den innern und in= nigen Zusammenhang der beiden Richtungen, was für beide nützlich ist, indem es sie vor Einseitigkeit bewahrt, und sie

erleichtert es den begabtesten Studirenden, beide Rich=
tungen zugleich zu umfassen.

Manche Fächer, insbesondere die auf allgemeine
Bildung gerichteten und die einleitenden, können auch
für beide Classen eingerichtet werden und dienlich sein.
Dahin rechne ich:

Encyclopädie und Rechtsphilosophie.

Geschichte des römischen und des deutschen Rechts.

Institutionen, die allerdings unter dieser Voraus=
setzung sich mehr als bisher von der Beschrän=
kung des römischen Rechts losmachen und mehr
als Einleitung in das gemeinsame neuere Pri=
vatrecht behandelt werden müßten.

Allgemeines Staatsrecht und Politik.

Geschichte und Grundbegriffe der Nationalökonomie.

Andere Fächer sind den besonderen Abtheilungen zu=
zuweisen, insbesondere die Specialwissenschaften, so

A) Für die juristische Ab=   B) Für die staatswissen=
theilung.   schaftliche Abtheilung.

Die verschiedenen Lehren des   Besonderes Staatsrecht.
Privatrechts, des Straf=   Völkerrecht.
rechts, des Civilprocesses,   Verwaltungsrecht, das in
des Strafprocesses, und   Deutschland einer Neubil=
was dazu gehört.   dung bedarf.

                               Die einzelnen staatswirth=
                               schaftlichen Disciplinen.

Ist diese Sonderung innerhalb der, Fakultätsstudien
durchgeführt, so muß sie auch bei der Auswahl der vorge=
schriebenen Lehrfächer und bei der Einrichtung der Staats=
prüfungen beachtet werden. Es darf nicht von den Justiz=

männern gefordert werden, daß sie in den besonderen Zwei-
gen des Staatsrechts und der Wirthschaftslehre vollständig
unterrichtet seien,*) aber es ist noch weniger räthlich, von den
Verwaltungsmännern eine genaue Kenntniß des römischen
und des deutschen Rechts zu erwarten, um so nöthiger aber,
daß sie in den eigentlichen Staatswissenschaften zu Hause
seien. Die, welche die beiderlei Fächer bewältigen, sind nur
eine begabte Minderheit. Diesen muß es natürlich offen
sein auch die beiden Seiten der Prüfung zu bestehen.

2) Eine andere Reform — vorzüglich des juristischen
Unterrichts macht die Einführung neuer Gesetzbücher
nöthig.

Es ist ein colossaler Fehler, den man bei der Einführung des Preußischen Landrechts begangen hat, und der
nun in andern Ländern wiederholt zu werden scheint, daß
diese neue Aussprache des Privatrechts nicht von einer entsprechenden Aenderung des Unterrichts begleitet ward.

Wir haben in neuerer Zeit in der gemeinsamen deutschen Wechselgesetzgebung und in dem Handelsgesetzbuch zwei
Werke erhalten, welche eine wichtige Partie des modernen
Privatrechts in nationaler und rationeller Weise neu ordnen.
Das gesammte Handels- und Wechselrecht hat dadurch eine
neue Grundlage und eine erhöhte Ausbildung erhalten, und
die Rechtswissenschaft darf das am wenigsten ignoriren.

---

*) Zu dieser Hinsicht fordern übrigens die Studienordnungen, z. B.
die Preußischen von 1844 und 1850, meistens eher zu wenig, als zu
viel von den Rechtscandidaten. Eine gründlichere Ausbildung im öffentlichen Rechte, über deren Vernachläßigung schon Friedrich der Große ge-
klagt hat, wird in unserer Zeit, welche auch den Volksklassen eine repräsentative Theilnahme an der Staatsleitung eröffnet hat, für die ganze
Masse der Beamten ein unerläßliches Erforderniß.

Die Universitäten müssen daher dieser Entwicklung nach-
folgen, das Handels= und Wechselrecht muß nun entschiedener als eine eigenthümliche Wissenschaft hervortreten und
als eine moderne Wissenschaft gelehrt werden. Die Frage,
ob dafür besondere Lehrstühle errichtet, oder nur gesorgt
werden soll, daß diese Disciplin nicht mehr blos nebenher
so dürftig behandelt werde, wie es von manchen Professoren
des deutschen Privatrechts noch geschieht, scheint mir nur
von untergeordnetem Belang. Wichtig aber ist es, daß diese
Sorge ernstlich gemeint sei.

Würden wir ebenso zu einem gemeinsamen Gesetze über
das Obligationenrecht gelangen, so könnte diese Lehre schicklich mit der handelsrechtlichen verbunden werden und dann
auch die Vorträge über römisches und deutsches Obligationenrecht auf geschichtliche Einleitungscollegien füglich beschränkt werden.

Hier muß ich einen schwierigen und empfindlichen Punkt
berühren, ich meine das Studium des römischen Rechts,
des sogenannten Pandektenrechts und des deutschen Privatrechts überhaupt, welche noch die Grundlage der juristischen
Studien bilden.

Die Zerreißung der Wissenschaft des Privatrechts, das
in der Wirklichkeit doch nur Eines ist, in eine römisch= und
in eine deutsch=rechtliche Disciplin, vorzüglich aus historischen und aus Gründen der Methode wohl zu erklären, darf
doch nicht als etwas Bleibendes betrachtet werden. Je
mehr es der neueren Gesetzgebung gelingt, auch den Streit der
romanistischen und der germanistischen Richtung durch ihre
neue Formulirung zu befriedigen, je mehr durch sie auch
die Einheit des Rechtsausdrucks erreicht wird, um so un-

natürlicher erscheint jene Entzweiung des Unterrichts, und auch um so schädlicher und unerlaubter die romanistische oder germanistische Einseitigkeit. Immer mehr wächst dann das Bedürfniß einer einheitlichen privatrechtlichen Dogmatik.

Die Lehre vom deutschen Privatrecht kann und soll nun, wie ich meine, mit der Zeit ganz in dieser modernen Dogmatik des Privatrechts aufgehen. Aber nicht ebenso die Lehre vom römischen Privatrecht. Die Pandekten müssen als römische Lehre bleiben, aber auch sie bedürfen als Lehre einer wesentlichen Veränderung, wenn das Gewicht der dogmatischen Rechtsbegründung und Rechtsausführung in die Lehre des heutigen, des wirklichen Privatrechts verlegt wird. Die Pandekten dürfen nicht ebenso untergehen, weil die neueren Juristen der römischen Schule nicht entbehren können, weil die Pandekten ein unersetzliches Erziehungsmittel nicht weil sie ein unverbesserliches Evangelium für die Juristen sind. Aber diese Erziehungsrücksicht im Gegensatz zu der gänzlich unhaltbaren Gesetzeskraft des Corpus Juris, macht eine neue Sichtung des Pandekten= stoffes nötbig. Was in dem römischen Recht einen blei= benden principiellen Werth hat, ferner was von wahrhaft historischem, nicht bloß von antiquarischem In= teresse ist, indem es den Entwicklungsgang des Rechts er= klärt, endlich was darin seiner formalen Vollendung wegen als Vorbild der juristischen Technik betrachtet oder als Beispiel der juristischen Denkweise dargestellt werden kann: das Alles darf nicht bloß auch in der Zukunft den Pandektenvorträgen als Hauptstoff verbleiben, sondern manche derartige Dinge im römischen Recht dürfen sogar in Zukunft

mit noch größerer Liebe und Ausführung den Pandektisten
empfohlen werden. Dagegen ist dann meines Dafürhaltens
mit vielem andern hergebrachten Plunder von bloß anti=
quarischen Notizen, mit dem willkürlichen Constitutionen= und
Novellenkram, mit den unfruchtbaren scholastischen Contro=
versen, gänzlich aufzuräumen.*)

Eine ganz ähnliche Umbildung wird auch für den Ci=
vilprozeß nöthig werden, so bald die Prozeßreform durch
die Gesetzgebung durchgeführt sein wird. Die alte Lehre
des gemeinen Civilprozesses wird dann vermuthlich ohne
Sang und Klang ins Grab sinken. Die historisch=bedeu=
tenden Momente derselben werden der Rechtsgeschichte und
der Einleitung zu der Wissenschaft von dem heutigen Pro=
ceßrecht zugewiesen und ihre bleibenden principiellen Wahr=
heiten werden in diese selbst aufgenommen werden.

Unter allen juristischen Disciplinen hat die Lehre vom
Strafrecht und Strafprozeß am ehesten mit der Gesetzesre=
form Schritt gehalten und ihre Aufgabe, die Verbesserungen
zu leiten und zu beleuchten am besten erfüllt. Theils konnte
hier die zwingende Macht der Neugestaltung am wenigsten
übersehen werden, theils war die criminalistische Jurispru=
denz seit ihrer Wiederbelebung fortwährend von philosophi=
schen Gedanken und von practischen Reformtendenzen bewegt.

---

*) Ich weiß, daß gerade die angesehensten Pandektisten der Gegen=
wart mit innerer Befriedigung zu einer solchen Umgestaltung ihrer Vor=
träge die Hand bieten würden, „käme man nur erst dazu, die Legalauto=
rität des Corpus Juris endlich einmal zu beseitigen.“ Aber in Preußen,
Oesterreich und Sachsen ist das geschehn: und dennoch — werden auch
auf Preußischen, Oesterreichischen und Sächsischen Universitäten die Pan=
dekten noch in der alten Weise gelehrt! Da fehlt es an dem Studien=
plan und an der Staatsprüfung.

3) Endlich ist auch die Sorge für die Verbindung der Praxis mit der Theorie bei jedem Anlaß zu üben. Nichts wäre verderblicher für die Rechtspflege und für die Rechtswissenschaft, als wenn die erstere unwissenschaftlich und die zweite unpractisch würde. Eine der wichtigsten Garantien für eine unparteiische und für eine verständige Justiz ist darin zu finden, daß jeder Schritt und jede Xhat derselben von der Wissenschaft beleuchtet wird; und eine mit dem Recht beschäftigte Wissenschaft, welche nicht das wirkliche d. h. eben das practische Recht in seinen Gründen, in seiner Erscheinung, in seinen Wirkungen erkennen lehrt, wäre vielleicht Geschichte, vielleicht Philosophie aber gewiß nicht Rechtswissenschaft im vollen Sinn des Worts.

Ich betrachte es als ein erfreuliches Zeichen, daß auch die Theorie in neuerer Zeit durch wissenschaftliche Arbeiten von practischen Juristen, Richtern und Anwälten vielfältig bereichert worden ist, und daß hinwieder auch manche Theoretiker von Beruf sich bemüht haben, über die Wände der Studirstube hinaus in das practische Rechtsleben hinein zu sehen und den Bedürfnissen des Rechtslebens gerecht zu werden.

Ebenso bringt die in neuerer Zeit fast überall in Deutschland versuchte Bildung von Juristengesellschaften, in welcher sich Theoretiker und Praktiker zusammen finden, beide einander näher und fördert den für beide Classen heilsamen Geistesverkehr. Die größte und mächtigste Erscheinung der Art, der deutsche Juristentag hat in dieser Richtung bereits den günstigsten Einfluß geübt.

Aber auch in den Staatseinrichtungen sollte um so

7 *

mehr darauf Bedacht genommen werden, als die beiden äl=
teren in der Zeit des heiligen römischen Reiches lebhaft be=
nutzten Verbindungsbrücken seither in Abgang gekommen
sind; nämlich das juristische Doctorat und die Spruch=
collegien der Juristenfacultäten. Daß wir heute
noch Utriusque Juris Doctores machen, ist doch seitdem
die ganze Jurisprudenz seit Jahrhunderten nicht mehr auf
dem Gegensatz der Kanonisten und Legisten beruht und das
kanonische Recht entfernt nicht mehr die Stellung einnimmt,
die es im Mittelalter hatte, eine so auffallende Wunder=
lichkeit, wie wir sie sonst nur noch in einigen englischen Parla=
mentsgebräuchen oder in dem Ceremoniel der Höfe finden. Der
Grundgedanke aber, die öffentliche Beurkundung der aus=
gezeichneten rechtswissenschaftlichen Bildung durch
Verleihung eines wissenschaftlichen Ehrentitels, ist
heute noch so practisch, wie im Mittelalter und die Zuer=
kennung des Doctorats, verdiente, wie sie noch eine sociale
Auszeichnung ist, auch eine entsprechende Berücksichtigung in
den Staatseinrichtungen. Auch gegenwärtig ist die miß=
bräuchliche Ertheilung der juristischen Doctorwürde an un=
würdige Individuen doch äußerst selten und unverhältniß=
mäßig seltener als etwa die mißbräuchliche Decorirung mit
Orden und Titeln, die von der Staatsgewalt ausgeht.
Das also kann kein Grund sein, um die wissenschaftliche
Ehre geringer zu werthen, als die staatliche Auszeichnung.
Vielmehr läßt sich hier leicht und in wohlthätiger Weise
helfen, indem man den Doctor wenigstens von der theore=
tischen Staatsprüfung entbindet, und ihm in allen Bezieh=
ungen die Rechte zuerkennt und die Ehre gibt, auf welche
Personen von höherer Bildung und Rang einen Anspruch haben.

Die bisherigen Spruchcollegien aber werden mit der
Zeit untergehen, weil sie die alte Gerichtsverfassung und
das gemeinrechtliche Proceßverfahren voraussetzen, deren
Verfall sie nicht aufzuhalten vermögen. Nur eine begut=
achtende Thätigkeit der Fakultäten und in einzelnen
Fällen die eines von den Parteien compromittirten Schied=
gerichts wird auch nach der Durchführung der Proceßre=
form in Deutschland möglich bleiben.

. Desto nöthiger ist es, auf eine andere Weise, bei An=
laß der neuen Gerichtsorganisation, für Ersatz zu sorgen.
Soll ein neues gemeinsames, nicht blos ein formel=ge=
meines Recht in Deutschland ausgebildet werden, und
das ist doch der Zweck der neueren nationalen Gesetzeswerke,
so bedürfen wir auch eines gemeinsamen obersten Ge=
richtshofes, welcher die Rechtseinheit des Gesetzes in der
Rechtsanwendung zu wahren berufen ist; und soll diese große
nationale Aufgabe richtig und in wissenschaftlichem Geiste
erfüllt werden, so müssen auch die Männer der Theorie an
ihr . mitarbeiten. Ich sehe kein besseres Mittel, dieselben
für die neue Gesetzgebung zu interessiren, als wenn sie bei
der Handhabung derselben an der Stelle betheiligt werden,
welche zum Wächter der gemeinsamen Principien berufen ist,
d. h. wenn bei der Organisation des gemeinsamen Cassa=
tions = oder besser des deutschen Oberhofes, der sich doch
wieder in eine Anzahl Senate verzweigen muß, die Pro=
fessoren der Universitäten neben und mit den angesehensten
Practikern herbeigezogen werden. Sie werden dadurch ihrem
Lehrberuf nicht entfremdet, aber ihre Lehrthätigkeit wird
dadurch mit dem Rechtsleben und mit der neuen Gesetzge=
bung näher befreundet und verbunden. Die Theorie ge=

winnt an Frische und an Brauchbarkeit und die Praxis an wissenschaftlicher Durchdringung und Verarbeitung. Die Theorie wird practisch, ohne blos empirisch zu werden, die Praxis wird wissenschaftlich, ohne deßhalb ihre Verständlichkeit und Volkstbümlichkeit zu verlieren. Das aber denke ich, ist die Aufgabe unsrer Zeit.

Leipzig, Druck von A. Edelmann.